D0893290

Un jardin de fleurs au Québec

Daniel Fortin

Un jardin de fleurs au Québec

Données de catalogage avant publication (Canada)

Fortin, Daniel, 1955 -

Un jardin de fleurs au Québec : choix, aménagement, entretien

Comprend des ref. bibliogr. et un index.

ISBN 2-89249-933-X

1. Floriculture - Québec (Province). 2. Fleurs - Québec (Province). 3. Horticulture d'ornement - Québec (Province). 4. Aménagement paysager - Québec (Province). I. Titre.

SB406.C3F67 2001 635.9'09714 C2001-940417-4

Conception graphique et mise en pages : Cyclone design communications inc

Révision : Liliane Michaud

Nous reconnaissons l'aide financière du gouvernement du Canada par l'entremise du Programme d'aide au développement de l'industrie de l'édition (PADIÉ) pour nos activités d'édition ; du Conseil des arts du Canada ; de la SODEC; du gouvernement du Québec par l'entremise du Programme de crédit d'impôt pour l'édition de livres (gestion SODEC).

ISBN 2-89249-933-X

Dépôt légal 2001
Bibliothèque nationale du Québec

Imprimé au Canada

Éditions du Trécarré
Outremont (Québec) Canada

1 2 3 4 5 05 04 03 02 01

Remerciements

Cet ouvrage est le fruit de nombreuses visites de jardins privés et publics. Je tiens donc à remercier tous ceux et celles qui m'ont ouvert les « portes » de leur aménagement. Nous avons amicalement partagé les fruits de notre passion commune. Ma sélection des nombreuses illustrations de ce livre est une reconnaissance implicite des efforts que ceux-ci ont consentis. Je tiens particulièrement à remercier Denise et Robert Béland de Saint-Adolphe d'Howard, Raymonde Benjamin de Lanoraie, Nicole et François Boisclair de Beaconsfield, Raymonde et Michel Boucher de Prévost, Louise Lapointe et René Brisson de Saint-Jacques, Danielle et Christian Crépeau de Mascouche, Micheline Beausoleil et Robert de Bellefeuille de Saint-Jacques, Andrée et Yves Gosselin de Beaconsfield, Suzanne Kassabgui de Laval, Lorraine Perreault de Saint-Jacques, Sylvain Poirier de La Présentation et Pierrette Rhéault de l'Île-Bizard, ainsi que mes parents, René et Louise Fortin de Laval et ma conjointe, Louise Turgeon. Je suis reconnaissant envers tous mes amis, amies et spécialistes qui ont partagé leur appui et leurs conseils.

Table des matières

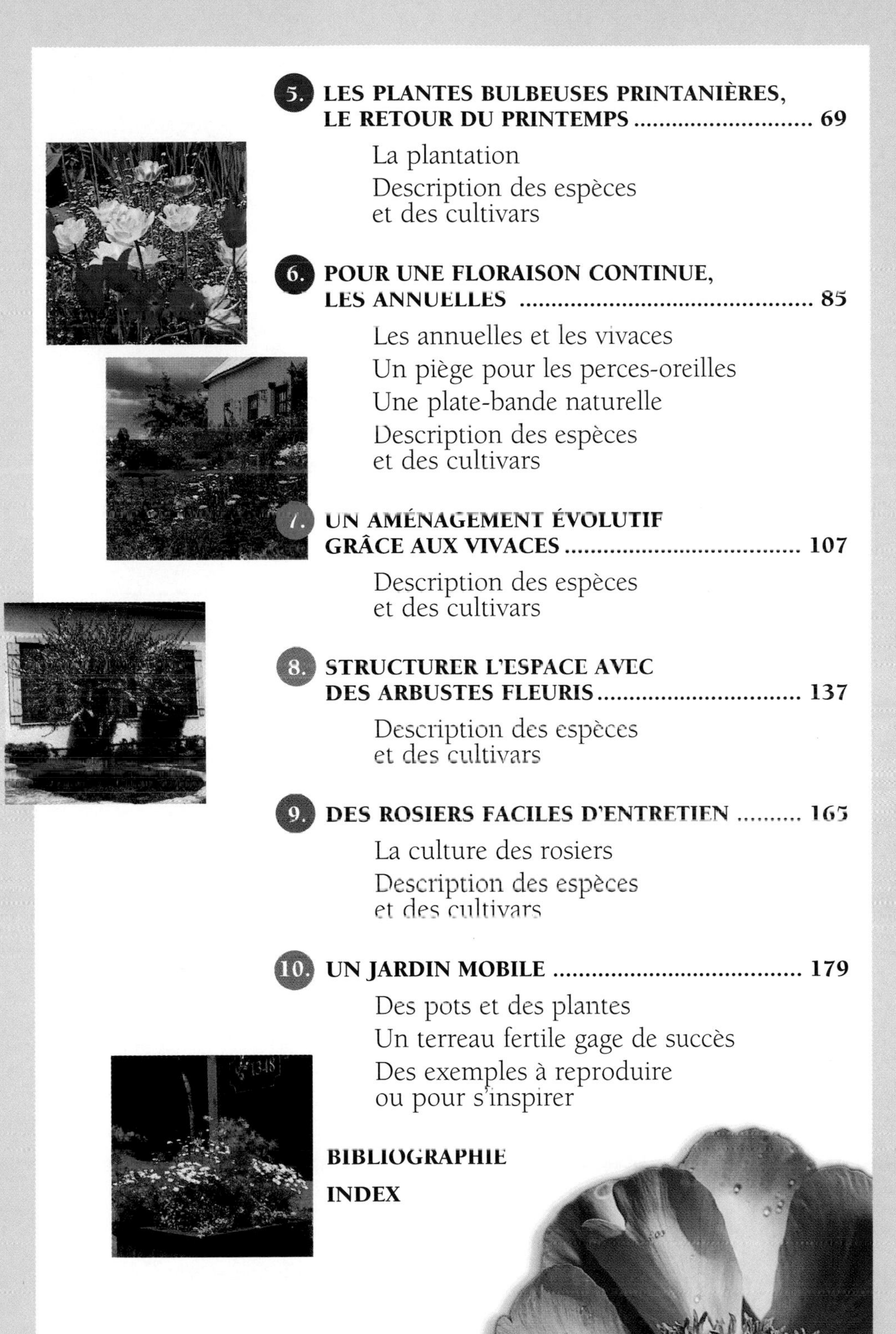

Introduction

Les fleurs plaisent à un grand nombre de femmes et d'hommes sensibles à leur beauté. Il existe une étrange sympathie qui tisse mille liens entre le jardinier et ses fleurs, occultant ainsi la fonction première de ces organes végétaux spécialisés : la reproduction.

Ainsi, ces organes spécialisés, dont la fonction première est d'attirer les insectes pollinisateurs qui assureront la fécondation, sont devenus pour nous objet de contemplation. Ce détournement de fonction est pour le moins remarquable et se poursuit par la recherche et la production de nouveaux cultivars aux fleurs plus généreuses, doubles et fortement colorées. La multiplication souhaitée et recherchée de pièces pétaloïdes (qui favorise le doublement des fleurs) se fait d'ailleurs très souvent au détriment de la fonction reproductive des plantes à fleurs… étrange évolution.

Le rapport entre les êtres humains et les fleurs est complexe, subtil et quasi universel ; les fleurs ont une valeur symbolique dans de nombreuses activités sociales chargées d'émotions liées notamment à la naissance, aux relations amoureuses, au mariage et au décès. Dans la plupart des civilisations, les fleurs servent à exprimer des sentiments ou confèrent un statut particulier aux utilisateurs. Le langage des fleurs fut longtemps à l'honneur parmi les gens fortunés. Si l'usage se perpétue plus largement aujourd'hui, la symbolique de ce geste, toujours apprécié, est moins précise.

Un jardin ou un balcon fleuri attire immanquablement les regards des flâneurs et des visiteurs. Rares sont ceux dont la vue d'une bordure, d'un îlot, d'un bac ou d'une balconnière débordant de fleurs ne réchauffe le cœur ou l'esprit. Une façade fleurie est généralement le reflet de la personnalité chaleureuse et accueillante des hôtes de la maisonnée.

Souvent, les propriétaires de ces jardins fleuris se font une joie de partager avec les passants intéressés leurs trucs et leurs conseils. Leur enthousiasme déborde lorsqu'ils parlent de leurs fleurs, de leur réussite et rient de bon cœur en énumérant les échecs et les doutes qui ont semé leur parcours. Ainsi, vous apprendrez qu'un jardin « parle » tout autant à l'esprit qu'au cœur ; il nous enseigne la patience, l'importance de l'application et de l'effort. De plus, il favorise la créativité.

Un jardin réussi nous permet de jouir pleinement de nos cinq sens, dans un lieu calme et reposant, alors que la pratique du jardinage éloigne notre esprit des soucis quotidiens.

1. PLANIFIER SON JARDIN

Concevoir un jardin, c'est un peu comme faire un casse-tête : à la fois simple et compliqué. Des plantes ornementales disparates doivent « s'imbriquer » les unes dans les autres pour composer un tableau harmonieux. Il faut aussi gérer les volumes, les formes et les couleurs des végétaux invités dans notre composition et les adapter à un contexte particulier.

Pour réussir un jardin, il faut un minimum de planification. Souvent, les amateurs se lancent dans l'aménagement d'un jardin sans avoir au préalable estimé l'impact financier et le temps à consacrer à son entretien. Si on peut créer de magnifiques plates-bandes fleuries sans trop délier les cordons de sa bourse, il est faux de prétendre qu'une fois aménagé le jardin ne requiert aucun entretien. On peut cependant réduire de beaucoup les interventions en choisissant judicieusement les végétaux (en privilégiant la plantation d'arbustes notamment) et en ajoutant du paillis à la base des plantations.

Ce qu'il faut savoir, c'est qu'un jardin de fleurs doit être assez grand pour créer un impact visuel intéressant mais assez petit pour que l'entretien demeure raisonnable. Avant d'entreprendre de grands travaux d'aménagement à l'instar de certains exemples illustrés dans ce livre ou de ceux présentés dans les revues de jardinage, il serait sage d'évaluer votre capacité et votre désir de développer et d'entretenir de

Une façade fleurie est généralement le reflet de la personnalité accueillante du propriétaire.

Pour réussir son jardin, il faut le planifier avec soin.

grandes plates-bandes fleuries. À moins de les confier à des tiers – ce qui implique probablement des coûts plus ou moins importants selon les travaux à réaliser – vous devez prévoir quelques heures par semaine et quelques minutes par jour à leur entretien. Dans un premier temps, il est donc sage de faire sien l'adage « small is beautiful » et de ne planifier qu'une ou deux plates-bandes annuellement.

Loin d'être une corvée, le jardinage est une activité intéressante qui permet un certain rapprochement avec la nature. Il exige, au départ, assez peu de connaissances et donne rapidement des résultats. En fait, pour plusieurs amateurs, cette activité est devenue une véritable passion qui monopolise maintenant une part importante de leurs moments de loisirs. Le jardin devient alors un lieu de création où s'expriment une ou des facettes de leur personnalité (la majorité des exemples qui illustrent cet ouvrage sont le reflet de la créativité d'un grand nombre de passionné(e)s). Les plantes deviennent leur mode d'expression ; par le jeu des formes, des textures, des masses, des

Une terre profonde, meuble, fertile et bien drainée est gage de succès…

hauteurs et des couleurs, ils créent des tableaux floraux qui évoluent dans le temps.

ANALYSER ET PRÉPARER LA SURFACE À AMÉNAGER

Les végétaux sont des êtres vivants qui exigent certaines conditions de culture pour s'épanouir et prospérer. Le secret des personnes revendiquant le fameux « pouce vert » tient à leur intérêt pour la culture des plantes. Cela se traduit par la recherche des meilleures conditions de croissance pour les végétaux qu'ils introduisent dans leur aménagement. Leur « truc », c'est qu'avant d'acheter, ils s'informent ou consultent.

Il est donc primordial de procéder à un examen approfondi de la surface à aménager avant de commencer les travaux. Un plan, même sommaire, facilitera l'organisation du travail à réaliser. En considérant la surface totale de votre terrain, quelle partie sera consacrée aux plates-bandes fleuries ? Où seront-elles situées ? Il faut indiquer sur ce croquis la dimension et le dessin des futures plates-bandes, leur orientation (en notant les zones ensoleillées, mi-ombragées et ombragées) et la présence des végétaux (arbustes et arbres) à conserver, des éléments à mettre en valeur ou à dissimuler (le cabanon, la piscine, le bac à compost, etc.).

PRÉPARER LE SOL

Il faut aussi vérifier la qualité et la profondeur du sol qui portera les futures plantations. La majorité des espèces ornementales requièrent un sol bien drainé, meuble, retenant suffisamment l'humidité (c'est ce que l'on veut dire par une terre fraîche) et fertile. Une fois le contour de l'îlot, de la bordure ou de la plate-bande défini et découpé, la tourbe vivante est enlevée et mise à composter. On peut également vaporiser sur la surface à aménager un herbicide total, attendre le dépérissement de la tourbe, puis la déchiqueter avec un motoculteur avant de l'enfouir dans le sol lors du retournement.

On doit s'assurer que le milieu de

…comme en fait foi cette plate-bande.

DÉFINIR LA LUMINOSITÉ DE VOS PLATES-BANDES

Avant de vous procurer les plantes qui constitueront les plates-bandes fleuries de votre aménagement, il faut évaluer la luminosité des lieux. Une observation attentive à différentes périodes d'une journée ensoleillée (préférablement vers le solstice d'été) permet de préciser la qualité et la quantité de lumière qui atteint le futur milieu de culture. On qualifie de **situation pleinement ensoleillée** une plate-bande illuminée à longueur de journée par le plein soleil, soit 10 heures et plus. Un site qui bénéficie d'environ huit heures d'ensoleillement est un **milieu ensoleillé**. Un emplacement qui reçoit quatre à six heures d'ensoleillement soit continu, soit interrompu est considéré comme **partiellement à mi-ombragé**. On qualifie de **milieu ombragé** un site qui ne jouit que d'une lumière filtrée ou diffuse à travers la ramure de grands arbres. Enfin, un emplacement **densément ombragé** se caractérise par une absence de lumière même diffuse ou filtrée.

Il est important de définir le degré de luminosité de vos plates-bandes.

LE DOUBLE BÊCHAGE

Pour un travail en profondeur sur 40 à 50 cm, on doit procéder à un double bêchage. Cela demande un travail du sol sur une profondeur égale à deux fois la longueur de la lame d'une pelle-bêche. On creuse d'abord la couche superficielle du sol sur toute la longueur de la plate-bande et l'on dépose la terre sur l'un des côtés de la tranchée ; puis, on creuse à une profondeur supplémentaire de 20 à 30 cm en ameublissant à mesure la seconde couche de terre ainsi retournée ; ensuite, avant de remettre la terre de surface, on incorpore les amendements organiques pour finalement remplir avec la terre auparavant déposée sur le côté.

culture est exempt de mauvaises herbes vivaces. Il faut enlever minutieusement tous les rhizomes et les racines de chiendent (*Agropyron repens*), de vesce jargeau (*Vicia cracca*), de prêle (*Equisetum*), de liseron des

L'aménagement des plates-bandes de fleurs dans les régions boisées implique l'ajout d'un sol organique sur 20 à 40 cm.

champs (*Convolvulus arvensis*), de chardon des champs (*Cirsium arvense*), de tussilage (*Tussilago farfara*), ou de renoué liseron (*Polygonum convolvulus*), sinon vos plates-bandes risquent d'être rapidement envahies par ces herbes peu ornementales.

Si la terre n'est ni trop lourde, ni trop sablonneuse, on procède au retournement de la couche arable (le labour) sur une profondeur de 20 à 30 cm (pour les plates-bandes portant des annuelles et des vivaces), de 40 cm (pour celles qui accueilleront majoritairement des arbustes). Ce travail permet entre autres de vérifier la qualité du drainage du sol et d'ajouter les amendements organiques (compost, mousse de tourbe, fumier composté) qui assureront une bonne structure et une bonne fertilité au milieu de culture.

Le drainage naturel de l'emplacement de la plate-bande est facile à évaluer. Creusez un trou d'environ 50 cm de largeur et autant de profondeur que vous remplirez d'eau jusqu'à saturation. Si le drainage est convenable, l'eau accumulée disparaîtra dans les 30 à 60 minutes. S'il reste de l'eau après une heure ou deux, il faut soit ajouter un drain sous les plantations, soit relever la plate bande.

Les sols lourds (à fort pourcentage en argile) s'amendent préférablement sur 40 à 50 cm de profondeur (en procédant au double bêchage), en ajoutant du sable grossier que l'on mélange à une grande quantité de matière organique (apport généreux de compost, de mousse de tourbe, de terre végétale ou de fumier composté, ou des deux). Pour assurer une structure grumeleuse à la terre nouvellement amendée, on incorpore une poignée de chaux agricole (carbonate de calcium, $CaCO_3$) ou de chaux dolomitique $[(CaMg(CO_3)_2]$, soit environ 100 g par m^2.

Les sols sablonneux (contenant un fort pourcentage de sable) se caractérisent par une mauvaise structure (du fait de l'absence d'argile) et une capacité de rétention d'eau à peu près nulle. Il serait souhaitable, bien que difficile à faire, de les amender avec de l'argile (en ajoutant de la terre lourde) et une grande quantité de matière organique. Il est à noter que des apports, même massifs, de compost, de mousse de tourbe ou de terre végétale, ne modifient qu'à court terme la structure déficiente d'un sol sablonneux. À moins d'ajouter annuellement de la matière organique à une plate-bande sise sur un sol sablonneux ou, dès le départ, une quantité d'argile, la fertilité à long terme de celle-ci n'est jamais assurée.

ASSURER LA FERTILITÉ À LONG TERME DES PLATES-BANDES

Pour s'assurer d'un sol fertile dès la préparation du milieu de culture, on procède, en plus des amendements de matière organique, à un apport d'engrais d'origine organique, soit préalablement préparé (mélanges commerciaux) ou un mélange domestique à base de farine de plumes (13-1-0) ou de sang séché (12-1,5-0,5), de poudre d'os (2-22-0) et de Sul-Po-Mag (0-0-22) à la dose de 50 à 100 g/m^2. Les engrais granulaires à dissolution lente (engrais enrobés) sont également recommandés et procurent, tout au long de la saison de croissance, les éléments minéraux nécessaires aux plantes.

L'implantation d'une plate-bande ou d'un îlot à proximité d'un arbre de grande dimension ou d'un bosquet de grands arbustes impose un travail supplémentaire. Étant donné que le feutre racinaire des grands arbres et des arbustes accapare une quantité importante de l'eau et des éléments nutritifs indispensables à la croissance des plantes que vous souhaitez introduire, il est essentiel d'extirper les racines superficielles. Ce travail du sol sur 30 à 40 cm de profondeur s'accompagnera de l'ajout de compost. Si la suppression des racines en surface se révèle trop ardue, il est préférable de procéder à un terreautage. Cette opération consiste à ajouter au sol une certaine épaisseur de terre afin de créer un milieu de croissance viable pour les végétaux à introduire.

SOL ALCALIN OU ACIDE

Si certaines plantes éprouvent des difficultés de croissance, il serait bon de vérifier le pH du sol. Le potentiel hydrogène ou pH d'un sol représente la quantité d'ions H^+ qu'il contient. Un sol dit « acide » possède une grande quantité d'ions d'hydrogène et un sol dit « alcalin » en contient peu. L'échelle de pH varie de 0 à 14 ; un pH de 7 est qualifié de neutre, un pH inférieur à 7 est dit acide, et un pH supérieur à 7, alcalin. Il s'agit d'une échelle logarithmique, chaque unité de pH représentant un multiple de 10 de la quantité d'acidité ou d'alcalinité. Ainsi, un pH de 6,0 est 10 fois plus acide qu'un pH de 7,0 et un pH 5,0 100 fois plus acide qu'un pH de 7,0.

Dans la culture de la majorité des plantes ornementales, un sol trop acide entrave l'assimilation des éléments nutritifs et libère des éléments minéraux toxiques. L'apport de chaux, notamment sous la forme de chaux agricole ($CaCO_3$) ou de chaux dolomitique ($CaMg(CO_3)_2$) , réduit l'acidité du sol en convertissant certains de ses ions H^+ en eau (H_20). Pour élever le pH d'une unité, il faut épandre et enfouir de la chaux (au choix) à la dose de 200 à 250 g/m^2 en sol sablonneux ou de 400 à 500 g/m^2 en sol argileux. Ce travail s'effectue en deux étapes, la moitié de cette dose est enfouie tôt au printemps et l'autre moitié à la fin de l'été. En procédant de cette manière, on évite de trop bouleverser la vie microbienne du sol.

Dans la plaine du Saint-Laurent, plusieurs jardins sont « assis » sur une roche-mère calcaire. Si la couche de terre arable est mince, il est fréquent d'observer une remontée de sels calcaires qui tendent à alcaliniser notre substrat de culture. La grande majorité des plantes ornementales connaîtront des problèmes de croissance si le pH est supérieur à 7,5. Par contre, si vous avez l'intention d'introduire des plantes croissant dans un milieu spécifiquement acide, tels les rhododendrons et les azalées, il est préférable d'abaisser le pH du sol en épandant et en enfouissant 50 g/m^2 de soufre microfin en sol sablonneux et 100 g/m^2 en sol argileux. Cette dose permet de

Les azalées et les rhododendrons exigent un sol au pH acide (4,5 à 5,5) ; l'ajout d'une bonne quantité de mousse de sphaigne est indispensable.

réduire d'un point le pH du sol.

Avant de modifier le pH du sol, il est indispensable de connaître les caractéristiques du milieu de culture. Une analyse permet de connaître la texture du sol, son pH, le pourcentage de matière organique et sa composition chimique. Les nécessaires d'analyse offerts dans les centres-jardins sont assez difficiles à interpréter. Pour une vingtaine de dollars, plusieurs pépinières offrent une analyse assez précise qui vous permettra d'envisager avec une grande rigueur les amendements et les corrections à effectuer. Généralement, un seul échantillon représentatif du milieu de culture suffit. Pour ce faire, on prélève à deux ou trois endroits une petite quantité de terre à 15-20 cm de la surface. On prend soin de mélanger les différents prélèvements pour constituer un échantillonnage moyen. On s'assure de mettre les prélèvements dans un contenant propre en l'identifiant avec nos nom et adresse.

2. Choisir parmi la multitude

Un jardin réussi est rarement le fruit du hasard. Le choix des plantes à intégrer à vos futures plates-bandes ne doit pas se faire sur un coup de tête. Trop souvent, j'ai rencontré des personnes qui se précipitent, le printemps venu, vers un centre-jardin ou une pépinière et se laissent emporter par l'étalage des plantes en fleurs. Ils oublient que toutes les plantes offertes ne conviennent pas nécessairement à tous les lieux (type de sol, drainage, ensoleillement, pH, rusticité et fertilité). De plus, il faut également souligner qu'un grand nombre de végétaux offerts en floraison au printemps ne refleuriront pas durant la période estivale ou automnale. C'est notamment le cas d'un grand nombre de vivaces et d'arbustes.

La multitude ne facilite pas toujours le travail de sélection ; votre jardin doit être plus qu'une collection de plantes diverses. De fait, le choix des espèces et des cultivars qui composeront votre aménagement dépend de la valeur ornementale de la plante choisie, de son intégration aux autres végétaux et de son adaptabilité aux conditions spécifiques de votre jardin. Pour vous aider à faire un choix judicieux, les centres-jardins et les pépinières vous offrent des plantes herbacées annuelles, des plantes herbacées vivaces, des plantes herbacées bisannuelles et, bien sûr, un grand nombre d'arbustes.

La multitude ne facilite pas toujours notre travail de sélection.

La célosie plumeuse (*Celosia argentea*), une annuelle colorée.

Une plante **annuelle** est une plante herbacée qui accomplit son cycle de végétation (elle croît, fleurit et produit des semences) au cours d'une même année pour disparaître ensuite. Il en existe des centaines d'espèces dont la majorité portent des fleurs particulièrement attrayantes; leur abondante floraison débute généralement dès leur mise en terre et se renouvelle jusqu'aux fortes gelées. Quelques-unes comme l'amarante crête-de-coq (*Amaranthus tricolor*), la bette à carde décorative (*Beta vulgaris* subsp. *cicla*), le chou décoratif (*Brassica oleracea* var. *acephala*), les coléus (*Coleus blumei*), l'hypoestes (*Hypoestes phyllostachya*), le ricin (*Ricinus communis*) et la cinéraire maritime (*Senecio maritima*) présentent des feuillages décoratifs toujours de mise dans un jardin fleuri. Il est à souligner que même si ce sont bien des annuelles, certaines plantes herbacées peuvent tolérer une gelée pas trop sévère sans dépérir, ce qui présente un avantage dans les zones au climat froid. C'est le cas du muflier (*Antirrhinum majus*), du chou décoratif (*Brassica oleracea* var. *acephala*), du souci des jardins (*Calendula officinalis*), de la centaurée annuelle (*Centaurea cyanus*), de la giroflée ravenelle (*Cheiranthis cheiri*), de la matricaire (*Chrysanthemum parthenium*), de la dauphinelle (*Consolida ambigua*), de l'ibéris (*Iberis umbellata*), de la lavatère (*Lavatera trimestris*), de l'alysse odorant (*Lobularia maritima*), de la giroflée (*Matthiola incana*), du coquelicot (*Papaver rhoas*), du phlox de Drummond (*Phlox drummondii*), de la rudbeckie (*Rudbeckia hirta*), des violettes (*Viola cornuta* et *V. tricolor*) et des pensées (*Viola x wittrockiana*), ces dernières fleurissant jusqu'aux premières chutes de neige.

Le chou décoratif (*Brassica oleracea*) et la bette à carde (*Beta vulgaris* subsp. *cicla*) résistent bien au froid.

L'utilisation des plantes annuelles dans nos aménagements offre certains avantages.

- Elles fleurissent quelques jours après leur introduction, donnant un effet esthétique quasi immédiat.
- La floraison d'un grand nombre d'espèces et de cultivars est abondante et continue, colorant nos plates-bandes durant toute leur saison de croissance.
- Le coût d'achat est faible.
- L'espace à aménager étant occupé par des annuelles, notre sélection peut changer chaque année sans nécessiter un travail important.

On appellera plante **bisannuelle** une plante herbacée dont le cycle de végétation s'échelonne sur deux ans : la première année se développe une rosette de feuilles au centre de laquelle s'élève, durant la seconde saison de croissance, une ou des tiges florales. Les plantes bisannuelles meurent généralement à l'automne de la seconde année. Dans ce groupe, on retrouve la buglosse d'Italie (*Anchusa italica*), la campanule à grosses fleurs (*Campanula medium*), l'œillet de poète (*Dianthus barbatus*), la digitale pourpre (*Digitalis purpurea*) et la julienne des dames (*Hesperis matronalis*). Selon les classifications, on les retrouve parfois avec les annuelles mais le plus souvent avec les vivaces.

On appelle **vivace** une plante herbacée ou quelquefois subligneuse (les tiges sont lignifiées) dont les tiges aériennes se dessèchent à l'automne et dont la partie souterraine (le collet, le rhizome, le tubercule ou le bulbe) émettra de nouvelles tiges au printemps suivant. Mais attention ! Les plantes vivaces ne sont pas toutes résistantes à nos grands froids ; certaines, qui croissent dans des contrées beaucoup plus clémentes, dépérissent chez nous. Il importe de connaître la rusticité des plantes vivaces que vous songez à introduire.

Les plantes vivaces gagnent en popularité auprès des amateurs. Ceux-ci sont d'abord attirés par le fait que ces végétaux, se renouvelant année après année grâce à leur partie souterraine, sont moins chers à

La rose trémière (*Alcea rosea*) est une plante bisannuelle qui donne du volume à une composition.

DES VIVACES À LONGUE FLORAISON

- *Achillea millefolium* 'Fire King' (achillée millefeuille), zone 3, floraison de juin à juillet ;
- *Achillea* x 'Coronation Gold' (achillée jaune), zone 3, floraison de mi-juin à fin juillet ;
- *Achillea* x 'Moonshine' (achillée 'Moonshine'), zone 3, floraison de juin à juillet ;
- *Achillea* x 'Summer Pastels' (achillée hybride), zone 3, floraison de mi-juin à mi-août ;
- *Anthemis tinctoria* (camomille des teinturiers), zone 3, floraison du début juillet à la fin août ;
- *Armeria maritima* (gazon d'Espagne), zone 3, floraison de juin à mi-août ;
- *Aster x frikartii* 'Mönch' (aster d'été), zone 4, floraison de juin à juillet ;
- *Campanula carpatica* (campanule des Carpates), zone 3, floraison de juin à début août ;
- *Chrysanthemum x rubellum* (chrysanthème d'automne), zone 4b, floraison de mi-août à fin septembre ou mi-octobre ;
- *Coreopsis grandiflora* (coréopsis à grandes fleurs), zone 3, floraison de juin à juillet ;
- *Coreopsis verticillata* (coréopsis verticillé), zone 3, floraison de mi-juin à mi-août ;
- *Corydalis lutea* (corydale doré), zone 3, floraison de mi-juin à fin août ;
- *Dicentra eximia* 'Luxuriant' (dicentre), zone 4b, floraison de fin mai à fin septembre ;
- *Echinacea purpurea* (échinacée pourpre), zone 3, floraison de mi-juillet à fin août ;
- *Gaillardia x grandiflora* 'Goblin' (gaillarde), zone 3, floraison de fin juin à mi-septembre ;
- *Geranium sanguineum* (géranium sanguin), zone 3, floraison de juin à fin août ;
- *Heliopsis helianthoides* (héliopsis), zone 3, floraison de mi-juin à mi-août ;
- *Hemerocallis* 'Black Eye Stella de Oro' (hémérocalle), zone 3, floraison de fin juin à fin septembre ;
- *Hemerocallis* 'Happy Return' (hémérocalle), zone 3, floraison de fin juin à fin septembre ;
- *Hemerocallis* 'Stella de Oro' (hémérocalle), zone 3, floraison de fin juin à fin septembre ;
- *Hibiscus moscheutos* (ketmie des marais), zone 5, floraison de fin juillet à octobre ;
- *Lavatera thuringiaca* (lavatère vivace), zone 4, floraison de mi-juillet à fin septembre ;
- *Nepeta x faassenii* (herbe aux chats), zone 3, floraison début juin à fin juillet ;
- *Papaver anomalum* var. *album* (pavot), zone 5, floraison de mai à septembre ;
- *Papaver nordenhageninum* ssp. *islandicum* (pavot), zone 2, floraison début mai à mi-juillet ;
- *Perovskia atriplicifolia* (sauge de Russie), zone 4, floraison début août à mi-septembre ;
- *Phlox paniculata* 'Sandra' (phlox paniculé), zone 4, floraison de juillet à fin août ;
- *Platycodon grandiflorus* (platycodon), zone 5, floraison de juillet à fin août ;
- *Rudbeckia lacianata* 'Goldquelle' (rudbeckie lancéolée), zone 4, floraison de mi-juillet à fin août ;
- *Rudbeckia fulgida* 'Goldsturm' (rudbeckie), zone 3, floraison de fin juillet à fin septembre ;
- *Salvia x sylvestris* 'May Night' (sauge superbe), zone 4, floraison de juin à mi-juillet ;
- *Scabiosa caucasica* 'Blue Butterfly' (scabieuse du Caucase), zone 5, floraison de juillet à fin août ;
- *Scabiosa columbaria* 'Pink Mist' (scabieuse), zone 5, floraison de fin juin à mi-septembre ;
- *Sedum spectabile* 'Autumn Joy' (orpin des jardins), zone 3, floraison de fin août à fin septembre ;
- *Stokesia laevis* 'Bluestone' (stokésie), zone 4b, floraison de mi-juillet à fin août ;
- *Veronica spicata* (véronique à épis), zone 3, floraison de mi-juin à fin août.

Ci-contre : l'*Heliopsis helianthoides*, une vivace à longue floraison.

Il existe une multitude de plantes vivaces.

l'achat à long terme. Comme on n'a pas à les replanter année après année, il y a moins d'entretien en début de saison. Le nombre d'espèces et de cultivars disponibles est nettement supérieur aux plantes annuelles. De plus, contrairement aux plantes annuelles qui fixent leur composition florale dès leur introduction, les plantes vivaces permettent la confection de plates-bandes qui évoluent tout au long de la saison de croissance. Le fait que la floraison de la majorité des plantes vivaces ne dure que deux à trois semaines n'est donc pas un facteur limitatif mais bien une caractéristique permettant, par une sélection judicieuse, d'établir un échelonnement des floraisons de la fonte de la neige jusqu'à la fin de l'automne. Soulignons qu'il existe un certain nombre de plantes vivaces qui fleurissent longtemps, créant un effet esthétique quasi permanent dans vos plates-bandes.

Sous la dénomination de **plantes bulbeuses**, on désigne un groupe de végétaux dont le trait commun est de posséder un organe de réserve plus ou moins gonflé. Cet organe se présente sous la forme de bulbe véritable (les ails, les lis, les narcisses et les tulipes), de *cormus* (les colchiques et les crocus), de rhizome (les anémones et le muguet), de tubercule (le bégonia tubéreux) et de racine tubérisée (le dahlia). À l'instar des plantes vivaces, certaines plantes bulbeuses sont rustiques (c'est le cas d'un grand nombre de plantes bulbeuses printanières ou estivales) alors que d'autres ne tolèrent pas le froid (les bégonias tubéreux, les glaïeuls et les dahlias).

Un **arbuste** ou arbrisseau est une plante dont les tiges entières lignifiées se ramifient dès la base. On distingue deux formes d'arbustes, ceux à tige unique et ceux à tiges multiples dits buissonnants. Un arbuste mesure généralement moins de 4 m de hauteur. Pour les exigences de culture, on distingue les arbustes des rosiers. Certains arbustes portent des feuilles caduques et d'autres des feuilles persistantes, ce sont des conifères.

À cause de leur taille ou de leur floraison, les arbustes peuvent devenir des

Les azalées et les rhododendrons sont des arbustes à la floraison printanière exceptionnelle ; la floraison du *Rhododendron schlippenbachii*.

éléments vedettes d'un jardin, mais ils sont utilisés comme ornement de fondation d'une maison ou « faire-valoir » pour des plantes placées en devanture. Un massif d'arbustes de moyenne ou de grande taille sert aisément d'écran, alors qu'un alignement marque une délimitation du jardin ou de la propriété. La floraison d'un grand nombre d'espèces ou de cultivars est spectaculaire et devient un atout non négligeable dans un aménagement. Certains arbustes offrent une floraison prolongée quasi continue, c'est le cas de certaines spirées (*Spiraea*), des potentilles (*Potentilla*) et d'une multitude de rosiers (*Rosa*).

Les **rosiers** sont des arbustes particulièrement utiles pour constituer des massifs fleuris. La rose, fleur du rosier, est l'une des fleurs les plus appréciées et les plus recherchées. Les rosiers forment une très grande famille comptant un grand nombre d'espèces et de cultivars faciles à cultiver. Les hybrides modernes (hybrides de thé, *grandiflora* et *floribunda*) demeurent encore les favoris auprès d'un grand nombre

Les plantes bulbeuses printanières ont une place de choix dans le jardin de l'auteur.

d'amateurs et pour cause, leur floraison abondante et continue étant exceptionnelle. Par contre leur faible rusticité (zone 6) commande une excellente protection hivernale. En effet, un hiver rigoureux, où la couverture de neige s'avère déficiente, conduit à une mortalité assez marquée. Pour le plus grand bonheur des jardiniers, nous trouvons maintenant dans le commerce des rosiers arbustifs modernes dont la floraison n'a rien à envier aux rosiers hybrides modernes et qui sont dotés en plus d'une excellente rusticité (zones 3 et 4). Parmi les nombreux cultivars offerts, les hybrides issus des programmes de recherche d'Agriculture Canada sont à retenir. Ces cultivars sont groupées sous la dénomination de rosiers rustiques des séries **Explorateur** et **Parkland** et comptent plus de 35 arbustes différents (nous en reparlerons dans le chapitre sur les rosiers rustiques).

Deux rosiers arbustifs (***Rosa fœtida*** 'Persiana', à fleurs jaunes, et ***Rosa*** 'Nevada', à fleurs d'un blanc légèrement rosé), offrant une abondante floraison dans le jardin de la mère de l'auteur.

Quelques notes

3. Mettre en scène les végétaux

Plutôt que de vous procurer impulsivement les végétaux qui orneront votre aménagement, établissez au préalable une liste des plantes que vous souhaitez introduire et qui conviennent à vos conditions de culture. En effet, il n'y a rien de plus frustrant que d'acheter des arbustes, des vivaces ou des annuelles, puis de les voir dépérir une fois introduits dans notre jardin. Pour chacune des plantes présélectionnées, il faut établir ses critères d'adaptabilité, c'est-à-dire sa tolérance à l'exposition lumineuse (soleil, mi-ombre ou ombre), le type de sol (lourd /argileux ; léger /sablonneux), la structure du sol (bien drainé à mal drainé), la fertilité du sol (riche ou pauvre), le pH du sol (acide ou alcalin) et, évidemment, sa rusticité (la résistance à une température moyenne minimale).

Dans le choix des végétaux, il faut aussi tenir compte du fait que certains d'entre eux sont plus résistants aux maladies que d'autres (c'est le cas de plusieurs cultivars de rosiers qui offrent une bonne résistance à la tache noire du rosier et à l'oïdium) ; plusieurs sont également rarement visités par des insectes ravageurs. Ceux-ci nécessitent peu ou prou de traitements phytosanitaires et, de ce fait, sont plus faciles à entretenir. Si la perspective de traitements phytosanitaires préventifs ou curatifs vous déplaît, écartez sans hésiter toutes les

La mise en scène des végétaux sélectionnés est l'élément clé d'un aménagement réussi.

ZONES DE RUSTICITÉ

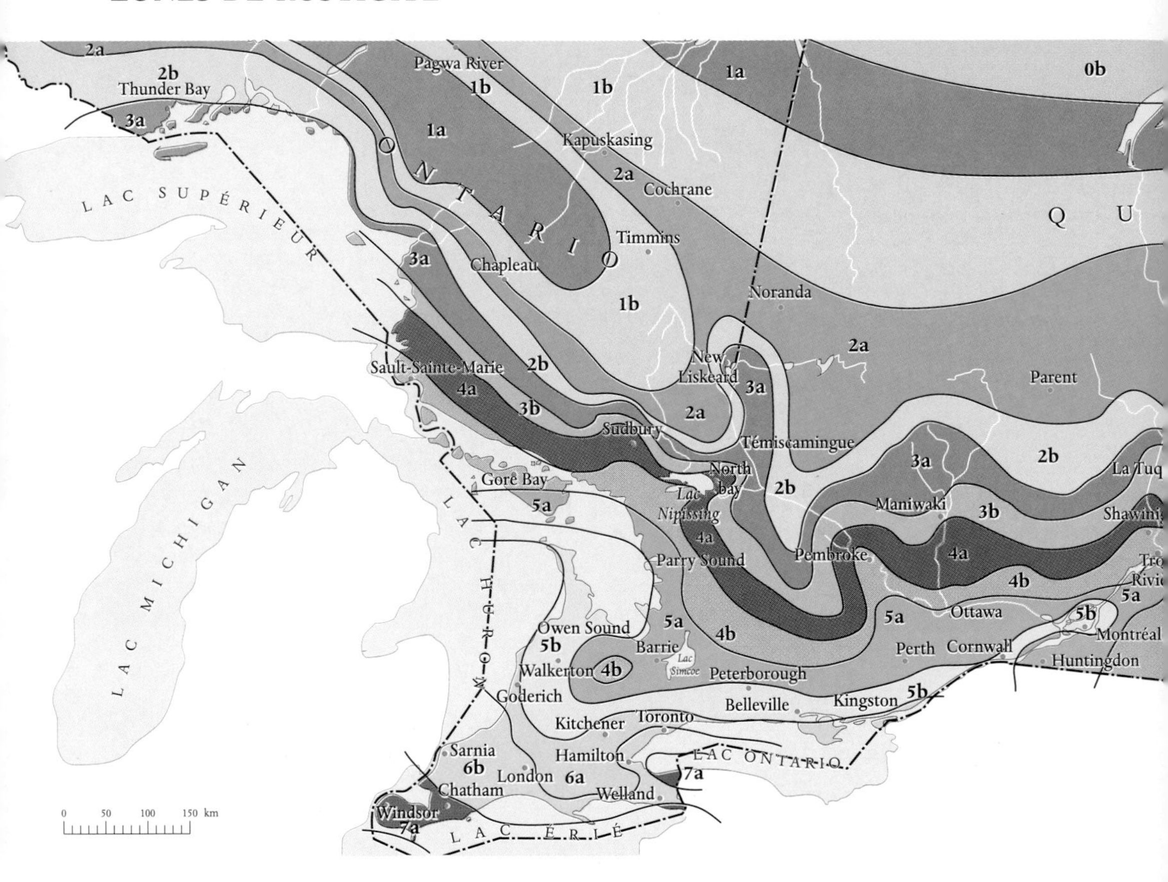

ZONES DE RUSTICITÉ *							
Zone	Température minimale °C		°C	Zone	Température minimale °C		°C
1	au-dessous	de	-45	6b	-21	à	-18
2a	-46	à	-43	7a	-18	à	-15
2b	-43	à	-40	7b	-15	à	-12
3a	-40	à	-37	8a	-12	à	-9
3b	-37	à	-34	8b	-9	à	-7
4a	-34	à	-32	9a	-7	à	-4
4b	-32	à	-29	9b	-3	à	-1
5a	-29	à	-26	10a	-1	à	+2
5b	-26	à	-23	10b	+2	à	+4
6a	-23	à	-21				

* United States Department of Agriculture

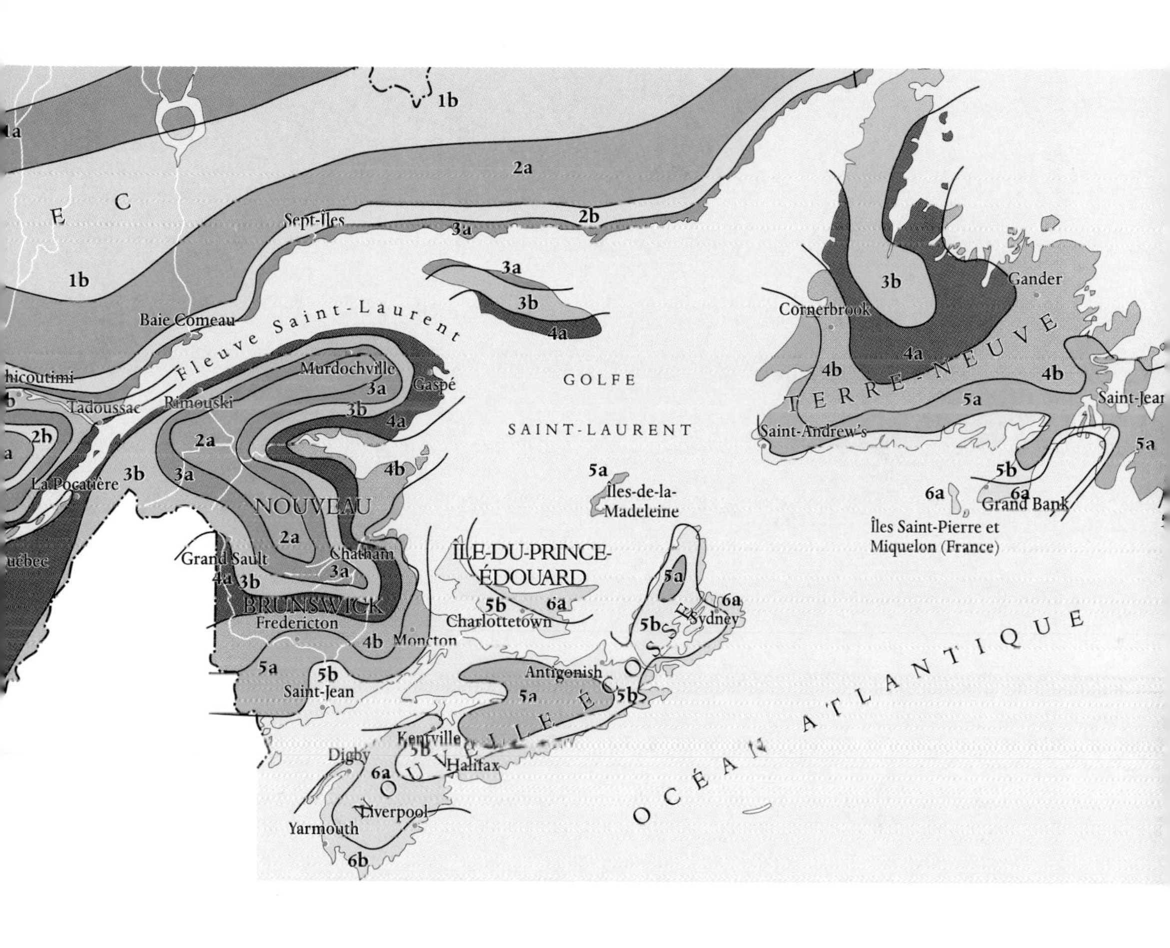
1b
2a
2b
3a
3b
4a
4b
5a
5b
6a
6b
Sept-Îles
Baie Comeau
Fleuve Saint-Laurent
Murdochville
Gaspé
Tadoussac
Rimouski
La Pocatière
NOUVEAU
BRUNSWICK
Grand Sault
Chatham
Fredericton
Moncton
Saint-Jean
GOLFE
SAINT-LAURENT
Îles-de-la-Madeleine
ÎLE-DU-PRINCE-ÉDOUARD
Charlottetown
Sydney
Antigonish
Kentville
Digby
Halifax
Liverpool
Yarmouth
NOUVELLE-ÉCOSSE
OCÉAN ATLANTIQUE
TERRE-NEUVE
Cornerbrook
Gander
Saint-Andrew's
Grand Bank
Îles Saint-Pierre et Miquelon (France)

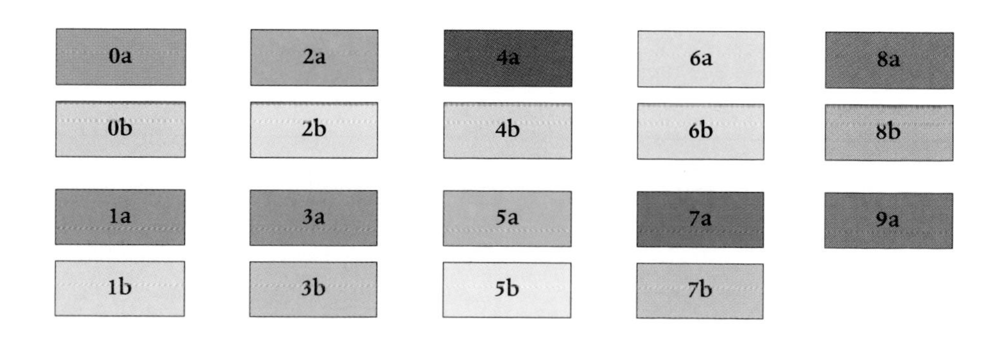
0a
2a
4a
6a
8a
0b
2b
4b
6b
8b
1a
3a
5a
7a
9a
1b
3b
5b
7b

DES VÉGÉTAUX D'INTÉRÊT POUR L'AUTOMNE

Plusieurs végétaux présentent un intérêt ornemental particulier entre la fin de l'été et la fin de l'automne, soit par leur floraison ou leur fructification, soit par le coloris de leur feuillage. Pour faciliter la composition de vos tableaux floraux, voici une liste de ces plantes :

Le feuillage du *Rhododendron schlippenbachii* prend une superbe coloration automnale.

ARBUSTES

Amelanchier spp. (amélanchier), zone 2 ;

Buddleia davidii (arbuste aux papillons), zone 5 ;

Caryopteris x clandonensis 'Blue Mist' (caréopteris), zone 5b ;

Clethra alnifolia (clèthre à feuille d'aulne), zone 4 ;

Cotoneaster acutifolia (cotonéastre du Japon), zone 4 ;

Euonymus alata (fusain ailé), zone 4 ;

Hamamellis virginiana (hamamélis de Virginie), zone 5 ;

Hibiscus syriacus (ketmie de Syrie), zone 5 ;

Hydrangea paniculata (hydrangée paniculée), zone 4 ;

Hydrangea quercifolia (hydrangée à feuilles de chêne), zone 5 ;

Ilex x meservaea 'Blue Princess' (houx hybride), zone 5 ;

Ilex verticillata (houx verticillé), zone 3 ;

Lespedeza bicolor (lespédézie bicolore), zone 5 ;

Rhododendron schlippenbachii (rhododendron), zone 5 ;

Rosa spp. (rosiers hybrides), zones 3 à 5b ;

Symphoricarpos albus (symphorine blanche), zone 2 ;

Viburnum trilobum (viorne pimbina), zone 2b.

VIVACES

Aconitum carmachaelii (aconit), zone 4 ;

Anaphalis triplinervis (anaphale à trois nervures), zone 4 ;

Anemone x hybrida (anémone d'automne), zones 4 et 5 ;

Aster spp. (aster d'automne), zones 3 à 5 ;

Boltonia asteroides (boltonie), zone 4 ;

Chelone obliqua (tête-de-tortue), zone 4 ;

Chrysanthemum x rubellum (chrysanthème d'automne), zone 3b ;

Colchicum byzanticum (colchique d'automne), zone 4 ;

Cimicifuga acerina (cierge d'argent), zone 5 ;

Cimicifuga cordifolia (cierge d'argent), zone 4 ;

Cimicifuga simplex 'White Pearl' (cierge d'argent), zone 5 ;

Eupatorium rugosum (eupatoire rugueuse), zone 3 ;

Helenium x hybrida (hélénies d'automne), zone 3 ;

Hibiscus moscheutos (ketmie des marais), zone 5 ;

Phlox paniculata (phlox paniculé), zone 3 ;

Physalis alkekengi (lanterne chinoise), zone 3 ;

Physostegia virginiana (physostégie de Virginie), zone 3 ;

Polygonum affine (renouée rampante), zone 3 ;

Sedum spectabile (orpin des jardins), zone 3 ;

Thalictrum dipterocarpum 'Hewitt's Double' (pigamon), zone 5 ;

Tricyrtis hirta (lis aux crapauds), zone 5.

Les composantes d'un aménagement gagnent à ne pas se dévoiler d'un trait ; il faut amener le visiteur à découvrir le jardin.

plantes susceptibles d'être régulièrement affectées par des maladies et des ravageurs.

Une fois dressée la liste des plantes qui conviennent à vos conditions de culture, il vous reste à vous assurer que votre future plate-bande s'ornera de fleurs dès la fonte des neiges et que les floraisons se renouvelleront continuellement jusque tard à l'automne. Pour ce faire, sélectionnez (dans la liste des végétaux adaptés à votre jardin) des plantes à floraison printanière, à floraison estivale et à floraison automnale que vous répartirez ultérieurement dans votre espace de plantation. Sur une grande feuille (voir exemple, page 34), reportez votre choix en vous assurant d'y mettre des plantes de tailles basse, moyenne et haute. La plupart des jardiniers optent pour un aménagement d'arbustes et de plantes vivaces dont les floraisons s'installent au début de juin pour se poursuivre jusqu'à la fin de juillet ou le début d'août. Le choix est aisé, car la majorité des plantes ornementales fleurissent durant cette période. En règle générale, les plantes à floraison estivale tardive et à floraison automnale sont très peu représentées dans leurs jardins. Pour corriger cette situation, commencez votre liste en sélectionnant les espèces et les cultivars qui fleurissent ou présentent un intérêt ornemental de la mi-août à la mi-octobre ; puis, choisissez les plantes à floraison printanière et, enfin, les végétaux fleurissant en juin et en juillet. Évidemment, l'utilisation de plantes annuelles ou d'arbustes et de plantes herbacées au feuillage décoratif bonifie et prolonge l'intérêt d'une plate-bande.

Les goûts étant variés, on peut difficilement préciser les associations de végétaux qui seront appréciées par l'ensemble des amateurs. Certains préfèrent des couleurs vives, avec une abondance de plantes annuelles, d'autres ne jurent que par les plantes vivaces et les coloris plus nuancés. Les amateurs cherchant des aménagements à faible entretien vont privilégier les arbustes, les inconditionnels de belles fleurs veulent une abondance de rosiers.

	AVRIL - MAI	DISTANCE PLANTATION CENTRE	JUIN - JUILLET	DISTANCE PLANTATION CENTRE	AOÛT - SEPT.	DISTANCE PLANTATION CENTRE	SEPT. - OCT.	DISTANCE PLANTATION CENTRE
HAUT (HAUTEUR 1,00 m ET PLUS)	Allium aflatunense		Delphinium x elatum	40cm	Hibiscus moscheutos 'Southern Belle'	70cm		
			Spiraea billardii 'Triumphans'	100cm				
	Fritillaria imperialis		Rosa 'John Davis'	110cm	floraison continue			
			Rosa 'Robusta'	130cm	floraison continue			
MOYEN (HAUTEUR + OU - 0,50 m)			Iris sibirica	35cm				
			Echinacea purpurea	45cm				
	Papaver orientale 'Princess Victoria Louise'	35cm	Iris ensata	35cm				
			Paeonia 'Ruslight'	90cm				
			Hemerocallis 'Attribution'	55cm				
			Chrysanthemum maximum	60cm				
BAS (HAUTEUR DE 0,30 m ET MOINS)	Tulipa 'Maywonder' 'Mariette' 'Aristocrat' 'Bleu Aimable'		Nepeta x faassenii	40cm	Salvia horminum 'Clarissa'	30cm		
			Oenothera speciosa 'Rosea'	35cm			Chrysanthemum arcticum 'Red Chimo'	40cm
			Veronica spicata 'Red Fox'	35cm			Aster dumosus 'Jenny'	35cm
					Stokesia laevis	35cm		

Quelques-uns se définissent comme des collectionneurs d'un genre en particulier : rosiers, hémérocalles, hostas, iris, dahlias, glaïeuls, pivoines, etc. Pas étonnant que nos jardins soient si différents les uns des autres…

Certaines règles aident à créer des compositions réussies, les voici:

- il vaut mieux limiter le nombre d'espèces pour une petite surface à aménager. On évite ainsi l'impression de confusion et de désordre ;
- les composantes d'un aménagement gagnent à être dévoilées petit à petit. On amène le visiteur à circuler dans le jardin pour découvrir des compositions différenciées ou des plantes intéressantes. On peut cloisonner l'espace à aménager avec un ou des écrans de végétaux ou des cloisons construites ;
- il est sage de prendre en compte le type et la couleur des matériaux qui composent l'environnement immédiat de l'espace à aménager, tels les murs de la résidence, la clôture, le cabanon, etc.
- on devrait tenir compte de l'ensemble des critères de sélection avant de choisir les végétaux.

LES CRITÈRES DE SÉLECTION

La composition d'une plate-bande fleurie doit être conçue en tenant compte du port, des dimensions, de la texture et de la couleur du feuillage, ainsi que de la période de floraison, du type d'inflorescence, de la forme et du coloris des fleurs, puis, s'il y a lieu, de la forme et de la couleur des fruits.

Chaque végétal possède un port ou un faciès propre qui renvoie à son allure générale (indépendamment des proportions) : érigée, semi-érigée, retombante, prostrée, rampante, columnaire, fastigiée, globulaire, etc. La forme est une notion assez subtile rarement prise en compte, d'où une certaine monotonie des compositions. En dessinant et en composant votre aménagement, notez le port général de chaque arbuste et de

Un tableau intéressant doit disposer de végétaux différenciés.

chaque plante herbacée sélectionnée, puis assurez-vous de disposer de végétaux à la silhouette différenciée, ce qui vous permettra de créer un rythme intéressant. Ainsi, on mettra en valeur une plante érigée en plantant à proximité des spécimens étalés.

Les dimensions ou proportions renvoient à la hauteur et à l'étalement d'une plante et on les établit en calculant le rapport de grandeur entre les différentes parties de la plante. La taille et le volume varient selon la maturité des plants (les jeunes spécimens en croissance prendront un certain temps pour atteindre leur proportion définitive) et, dans certains cas, selon les conditions de culture, notamment la fertilité du sol. Il importe, dès la plantation, de tenir compte de la taille et du volume des plantes après quelques années de croissance. La majorité des amateurs garnissent parfois trop généreusement les plates-bandes à aménager. Ils devront prévoir retravailler les compositions végétales durant la saison de croissance afin que chaque végétal puisse croître sans gêner ses voisines. Une solution à considérer consiste à planter les arbustes et les vivaces de grande taille en respectant les distances de plantation indiquées, puis d'étoffer le tableau floral en plantant des vivaces de petite ou de moyenne taille et des annuelles. Au fil des saisons, on pourra toujours déplacer les vivaces en trop ou encore agrandir la plate-bande, puis les repositionner. Dans le cas des compositions florales utilisant majoritairement des vivaces, il est préférable de ne pas trop les tasser car elles croissent assez rapidement.

Bien des amateurs oublient que les jeunes spécimens d'arbustes introduits dans leur aménagement croîtront rapidement dans un sol fertile. Quelques années après la mise en terre, ils constatent que les végétaux s'entremêlent d'une manière anarchique ou inesthétique. Il n'est pas toujours facile de transplanter des arbustes de moyenne ou de grande taille, ce travail exigeant une certaine technique et une bonne dose d'effort. Pour éviter ce type de problème, il importe de sélectionner des espèces et des cultivars à croissance lente ou restreinte, de respecter les distances de plantation en tenant compte de la proportion des plants à maturité et de procéder

Pour un aménagement équilibré, il faut respecter les distances de plantation.

Les arbustes possèdent des ports différenciés ; la taille favorisant des formes géométriques convient mieux à un jardin formel.

Il est bon de souligner l'importance des feuillages dans l'élaboration d'une plate-bande ; les fleurs passent mais les feuillages restent.

L'ARGENT DES FEUILLAGES

Les plantes à feuillage argenté occupent une place particulière dans nos plates-bandes. L'argent des feuilles de certaines plantes est plutôt mat et s'apparente à un gris lumineux. Cette couleur rehausse les autres coloris qui lui sont associés et peut donner un accent particulier à un tableau floral. L'agencement de la couleur argent à des végétaux aux fleurs pastel, bleues et rose pâle est des plus réussis. Il constitue un complément indispensable au jardin monochromatique blanc.

Anaphalis margaritacea, vivace, zone 4a ;

Anaphalis triplinervis, vivace, zone 4 ;

Artemisia absinthium 'Lambrook Silver', vivace, zone 5 ;

Artemisia arborescens 'Powis Castle', vivace, zone 5 ;

Artemisia ludoviciana 'Silver King', vivace, zone 4 ;

Artemisia ludoviciana 'Silver Queen', vivace, zone 4 ;

Artemisia schmidtiana 'Nana', vivace, zone 4 ;

Artemisia schmidtiana 'Silver Mound', vivace, zone 4 ;

Artemisia stelleriana 'Silver Brocade', vivace, zone 3 ;

Athyrium niponicum var. *pictum*, vivace, zone 4b ;

Ballota pseudodictamnus, annuelle, zone 7 ;

Cerastium biebersteinii, vivace, zone 3 ;

Cerastium tomentosum, vivace, zone 3 ;

Cynara cardunculus, annuelle, zone 7 ;

Elaeagnus angustifolia 'Quicksilver', arbuste, zone 3b ;

Elaeagnus commutata, arbuste, zone 2 ;

Helichrysum petiolare, annuelle, zone 7 ;

Hieracium lanatum, vivace, zone 4 ;

Hippophae rhamnoides, arbuste, zone 3 ;

Onopordum acanthium, bisannuelle, zone 4 ;

Pyrus salicifolia 'Pendula', arbuste, zone 5 ;

Santolina chamaecyparissus 'Lambrook Silver', annuelle, zone 6 ;

Salvia aethiops, vivace, zone 5 ;

Salvia argentea, vivace, zone 5 ;

Le chardon écossais (*Onopordum acanthium*), une grande bisannuelle tout argent.

Salix repens var. *argentea*, arbuste, zone 3 ;

Senecio cineraria, annuelle, zone 8 ;

Stachys byzantina, vivace, zone 4b ;

Tanacetum ptarmiciflorum 'Silver Feather', annuelle, zone 6 ;

Verbascum bombyciferum, bisannuelle, zone 5b ;

Verbascum olympicum, bisannuelle, zone 5.

annuellement à une taille d'entretien pour maîtriser les pousses les plus vigoureuses.

Cette dernière intervention ne signifie pas qu'il faut obligatoirement tailler toutes ses plantes sur le même modèle en privilégiant, comme on le voit trop souvent, des formes géométriques (boule, ovale, carré, etc.). Ce type de taille draconienne supprime le port original des végétaux et ne convient, en fait, qu'à un jardin formel associé à un type d'architecture peu répandu sous notre latitude.

Bien que notre propos porte d'abord sur les plantes à fleurs, il importe de souligner l'importance de la texture et du coloris des feuillages des végétaux dans l'élaboration de nos plates-bandes ; après tout, les fleurs passent mais les feuillages restent. Ce critère de sélection est d'autant plus important que la plate-bande à créer est de faible dimension. La texture du feuillage se présente comme la perception de la structure du feuillage ; elle est définie par les dimensions et la forme du limbe de la feuille. On parle de feuillage grossier, léger, délicat, élancé, duveteux, opulent, etc. Même sans fleur, l'association des feuillages d'iris, d'hosta et d'astilbe donne toujours un contraste heureux. Compte tenu de la diversité de la forme des feuilles chez les végétaux, le jeu des textures est quasi infini.

Le coloris des feuillages, sans être aussi varié que celui des fleurs, offre une gamme de nuances allant du vert pâle au vert foncé, en passant par le vert jaunâtre, le jaune vif, le vert glauque, le bleu et l'argenté ; un grand nombre de plantes vivaces portent des feuilles panachées et même tricolores.

LES FLEURS ET LEUR INFLORESCENCE

Avant de nous intéresser aux couleurs des fleurs, nous allons nous pencher sur la forme de la fleur et, par extension, sur son inflorescence, soit la réunion de plusieurs fleurs sur un même pédoncule floral. On constatera que les végétaux qui ne portent qu'une seule fleur sont relativement rares. C'est le cas de la majorité des espèces et des

Un contraste intéressant entre les glomérules de fleurs tubulaires rouges de la monarde (*Monarda didyma*) et les panicules lâches d'un blanc pur d'une astilbe (*Astilbe* 'Diamant')

cultivars de tulipes, de narcisses, des pavots et des pivoines mais ce n'est plus le cas chez les hémérocalles et les lis où les fleurs semblent uniques, si elles sont, en fait, groupées sur un pédoncule commun. C'est d'ailleurs le cas de la majorité des végétaux offerts dans le commerce. Même sans connaissance scientifique, on peut facilement distinguer les différents types d'inflorescences tels les épis, les capitules, les ombelles, les corymbes et les panicules, alors que les cymes et les glomérules sont peut-être un peu moins évidents. Lors du choix des végétaux, il est bon d'associer différents types de fleurs ou d'inflorescences.

Solitaires ou en inflorescence, les fleurs présentent des formes variées : fleurs tubulaires des digitales (*Digitalis*), en clochette des campanules à feuilles rondes (*Campanula rotundifolia*), capitules ligulés

Ci-contre: deux inflorescences érigées, celle du pied-d'alouette (*Delphinium x elatum*) et celle de la rose trémière (*Alcea rosea*).

DES FRUITS POUR LES OISEAUX

Amelanchier canadensis (amélanchier du Canada), zone 4 ;

Amelanchier lævis (amélanchier glabre), zone 4 ;

Aronia arbutifolia (aronie), zone 4 ;

Aronia melanocarpa (aronie noire), zone 2 ;

Cornus alternifolia (cornouiller à feuilles alternes), zone 4 ;

Cornus stolonifera (cornouiller stolonifère, hart rouge), zone 2 ;

Hippophae rhamnoides (argousier), zone 2b ;

Ilex verticillata (houx verticillé), zone 3b ;

Lonicera tatarica (chèvrefeuille de Tartarie), zone 2 ;

Malus spp. (pommiers et pommetiers), zones 3 à 5 ;

Morus alba 'Pendula' (murier blanc), zone 4b ;

Prunus avium (cerisier des oiseaux), zone 5 ;

Prunus glandulosa (cerisier glanduleux), zone 5 ;

Prunus pensylvanica (cerisier de Pennsylvanie), zone 3 ;

Prunus padus (cerisier à grappes d'Europe), zone 3 ;

Prunus tomentosa (cerisier de Mandchourie), zone 4 ;

Prunus virginiana (cerisier de Virginie), zone 3 ;

Rhus typhina (vinaigrier), zone 3 ;

Ribes spp. (gadelliers et groseillers), zones 3 et 4 ;

Rosa spp. (rosiers), zones 3 à 5 ;

Rubus spp. (framboisiers et mûriers), zones 3 et 4 ;

Sambucus canadensis (sureau blanc), zone 3 ;

Sambucus pubens (sureau rouge), zone 3 ;

Sorbus acuparia (sorbier des oiseaux), zone 4 ;

Plusieurs pommetiers (*Malus*) portent des fruits décoratifs et comestibles.

Sorbus americana (sorbier d'Amérique), zone 3 ;

Vaccinium spp. (myrtilles ou bleuets), zone 2 ;

Viburnum alnifolium (viorne à feuilles d'aulne), zone 3 ;

Viburnum edule (viorne comestible), zone 2 ;

Viburnum lentago (viorne lentago), zone 2 ;

Viburnum trilobum (pimbina), zone 2.

d'un grande nombre d'espèces de la famille des marguerites (*Aster, Chrysanthemum, Coreopsis, Doronicum, Echinacea, Erigeron, Helenium, Pyrethrum* et *Rudbeckia*), épis des ligulaires de Przewalskii (*Ligularia przewalskii*) ou des liatrides (*Liatris spicata*), panicules des phlox (*Phlox paniculata*), cymes des myosotis (*Myosotis*), etc. À l'intérieur d'un même genre, on trouve également des variantes plus ou moins marquées chez les fleurs. Par exemple, chez les hémérocalles on trouve une certaine variante en fonction de la courbure, de la forme et du nombre de pétales et de sépales. La plupart des espèces botaniques ont six segments (pétales et sépales) réunis en forme de trompette ouverte. Les cultivars modernes offrent une plus grande variété de formes : fleur évasée aux segments plus larges et ouverts au sommet, fleur circulaire aux larges segments ouverts et présentant une forme sphérique, fleur en étoile aux larges segments plutôt étroits et espacés. On trouve également des hémérocalles aux fleurs araignées, aux fleurs doubles, aux fleurs crêpues et aux fleurs triangulaires. Pour ajouter à ces variantes de la forme de la fleur, nous pourrions aborder la multitude des coloris des segments. C'est dire toute la richesse et la subtilité que l'on retrouve chez un seul grand groupe de plantes ornementales. Enfin, la structure même de certaines inflorescences impose une certaine densité dont il faut également tenir compte. Par exemple, on remarquera que les inflorescences vaporeuses des gypsophiles (*Gypsophila*) et des pigamons (*Thalictrum*) donnent un aspect léger et aérien au tableau floral.

FRUITS DÉCORATIFS ET JARDINS D'OISEAUX

Plusieurs végétaux produisent des fruits appréciés pour leur coloris, c'est le cas de l'actée rouge (*Actaea rubra*), de l'actée à gros pédicelles (*Actaea pachypoda*), du cornouiller du Canada (*Cornus canadensis*), de la monnaie-du-pape (*Lunaria annua*), de la lanterne chinoise (*Physalis alkekengi*) chez les vivaces, et du houx verticillé (*Ilex verticillata*), des houx hybrides (*Ilex x meservaea* 'Blue Girl', 'Blue Princess' et 'Golden Girl'), du chèvrefeuille de Tartarie (*Lonicera tatarica*), des cotonéastres (*Cotoneaster*), du sumac vinaigrier (*Rhus typhina*), des sorbiers (*Sorbus*), des sureaux (*Sambucus*), de plusieurs cultivars de pommetiers (*Malus*) et des viornes (*Viburnum*).

Les fleurs offrent une vaste gamme de coloris.

Les amateurs d'oiseaux seront attirés par les espèces et les cultivars dont les fruits, en plus d'être esthétiques, attirent la faune avienne.

LA COULEUR DES FLEURS ET LA PSYCHOLOGIE DES COULEURS

La couleur des fleurs est probablement l'élément de l'élaboration d'une plate-bande qui intéresse le plus les amateurs si elle se compose surtout de plantes à fleurs. De toute évidence, de l'ensemble des critères de sélection des végétaux, la couleur reste l'aspect qui reflète le plus la personnalité du

créateur. Elle suggère fortement l'ambiance d'une composition et traduit des émotions.

À l'exception des terrasses aménagées sur des bâtiments, la majorité des jardins sont conçus dans des espaces où le vert domine (la pelouse, la présence d'arbres et d'arbustes, quelquefois en alignement, servent de canevas aux plantations). Or, le vert est une couleur apaisante qui, lorsqu'elle domine un espace à aménager, devient neutre aux yeux de nombreux jardiniers. C'est sur ce fond que viendront s'appuyer les multiples coloris des fleurs. Mais attention, le vert uniforme n'existe que ponctuellement, car la lumière et les textures des feuillages modifient constamment la perception de cette couleur. D'autant plus que le vert des feuillages existe dans une multitude de nuances, passant du vert pâle au vert foncé et du vert jaunâtre au glauque (vert bleuté). On trouve également des feuilles panachées ou striées de blanc ou de jaune ainsi que mouchetées d'argent.

Couleurs chaudes ou couleurs froides, chacun peut créer des tableaux colorés à son goût.

Les coloris des fleurs sont extrêmement diversifiés et couvrent presque toute la gamme des couleurs, des tons et des nuances. Le choix de certaines couleurs et leur association sont intimement liés à notre personnalité. Je ne crois pas qu'il y ait de « bonnes » ou de « mauvaises » compositions. Chacun choisit les couleurs en fonction de ses goûts personnels et cela, même si plusieurs personnes sont sensibles aux courants et aux tendances proposés dans les livres et les magazines. Ainsi, chaque individu percevra de façon différente une composition donnée. Certains la considéreront comme harmonieuse alors que d'autres la trouveront criarde.

S'il n'est pas de règles strictes gouvernant l'emploi de la couleur, il peut toutefois être intéressant d'étudier succinctement comment les humains perçoivent la couleur, puis d'explorer les possibilités qui s'ouvrent à nous.

Les couleurs affectent nos sens, modifient notre perception de l'espace et définissent une ambiance, c'est ce qu'on entend par l'expression « psychologie des couleurs ». Par exemple, le rouge, l'orange et le jaune sont perçus comme des couleurs chaudes, alors que le vert foncé, le bleu, le violet et le lilas sont des couleurs froides.

Les couleurs chaudes sont l'expression d'un tempérament chaleureux et parfois exubérant. Une composition où domine le jaune évoque le soleil et est synonyme de joie et de lumière. Cette couleur est particulièrement appréciée tôt au printemps et à la fin de l'été, moment où les rayons solaires naissent ou faiblissent ; le jaune devient alors un succédané. Le rouge est synonyme de passion et capte tout de suite notre attention ; cette couleur n'est-elle pas également celle du danger ? Un groupe de fleurs d'un rouge saturé marque un accent particulier dans une composition et éclipse les autres coloris. Une abondance de rouge dans un aménagement crée une atmosphère lourde et pesante. L'orange, symbole du feu, capte tout autant notre attention par sa

Ci-contre : les couleurs affectent nos sens, modifient notre perception de l'espace et définissent une ambiance.

Le rose possède sa personnalité propre.

richesse et son intensité. Si l'orange pur s'harmonise bien avec le jaune, le rouge-orangé, l'orange pâle, l'abricot et toutes les gammes de vert, il compose des tableaux moins réussis avec les bleus, le violet, le mauve et, surtout, le rose. Les plates-bandes fleuries qui associent abondamment le rouge, le jaune et l'orangé excitent les sens. Toujours chaleureuses, elles sont rarement reposantes.

Les bleus, les violets et les lilas, considérés comme des couleurs froides, sont perçus comme reposants et rafraîchissants. Le bleu pâle suggère le ciel, donc l'espace ; le bleu moyen, l'eau et la fraîcheur. Le bleu véritable n'est jamais altéré par la présence d'une autre couleur. On peut l'agencer à tous les autres coloris, bien qu'une composition florale associant le bleu et sa couleur complémentaire, l'orange, crée un impact visuel très fort (apprécié de façon différente par les amateurs). Par contre, le bleu est particulièrement bien mis en valeur quand on l'associe à des fleurs d'un jaune très pâle. Le violet est une couleur riche qui demeure malgré tout discrète et réservée dans une composition florale. Il est souvent éclipsé ou modifié par les autres coloris et son utilisation exige soit un certain isolement dans le tableau, soit un apport généreux et massif. Les nuances les plus pâles du violet, le lilas et la lavande, sont des couleurs subtiles profondément modifiées par la lumière. À l'ombre ou au crépuscule, elles se comportent comme le bleu ou le violet, alors que sous le soleil naissant ou couchant elles se rapprochent du rose. Ces couleurs ne ressortent vraiment dans une composition florale que si elles sont associées à des couleurs tendres, comme le rose, ou neutres, comme les feuillages argentés et les fleurs blanches.

Le rose, couleur absente du cercle chromatique, est une nuance claire du rouge (par ajout de blanc). Cette couleur possède sa propre personnalité ; elle réchauffe les compositions faites de couleurs froides et refroidit celles des couleurs chaudes. Le rose est particulièrement recherché par les amateurs de jardins romantiques. Ils marient cette couleur avec les bleus et les lilas pour créer un aménagement reposant et paisible, un brin mélancolique si la dominante tire vers le bleu. Le blanc et l'argent sont également des compagnons intéressants, alors que le rouge étouffe les roses moyen et pâle. Le jaune vif et l'orange associés aux roses foncé et pâle créent des tableaux floraux particuliers ne convenant pas toujours au goût de certains jardiniers.

Il est toujours plus facile de travailler sur un choix restreint de couleurs.

Le blanc est en quelques sorte une énigme : il nous apparaît comme une absence de couleur alors que la physique nous apprend qu'il est la somme de toutes les couleurs. Peut-être est-ce pour cette raison que le blanc réagit peu avec les autres couleurs sauf avec le vert qui semble son complément incontournable (probablement parce que le vert, couleur dominante dans la nature, sert de canevas à nos tableaux floraux). Le blanc reflechit la lumière et devient indispensable pour éclairer et égayer une plate-bande sombre ; les fleurs blanches sont très précieuses dans les situations ombragées. Qualifié d'inerte, le blanc s'associe à toutes les autres couleurs et sert de lien harmonique. S'il facilite la progression des compositions florales, le blanc en abondance ralentit le rythme de celles-ci. Une utilisation exclusive de plantes à fleurs blanches met en valeur les formes et les textures des végétaux introduits. On conseille l'ajout d'un certain nombre de plantes à feuillage argenté pour bonifier les compositions.

Dans une composition florale, notre champ visuel perçoit les couleurs chaudes comme étant plus proches et les couleurs froides comme étant plus éloignées. On peut donc modifier la perspective d'un tableau en jouant sur le volume et la masse des plantations. Ainsi, on peut donner une impression de profondeur en plaçant les plantes à fleurs bleues, bleu violacé et violettes à l'arrière-plan. L'inverse est également vrai lorsqu'on place les couleurs chaudes derrière les couleurs froides. Pour équilibrer les plantations dans un agencement polychromatique, il faut augmenter les masses de fleurs de couleurs froides par rappport à celles des fleurs de couleurs chaudes.

ASSOCIER LES COULEURS

Pour planifier une composition florale réussie, il est intéressant d'étudier les agencements de coloris dans les jardins privés ou publics, dans les magazines et les livres. Vous pouvez ainsi orienter votre composition florale en l'inscrivant dans un vécu qui sera ensuite adapté à votre personnalité. Certains jardiniers rejettent toute notion préconçue ; pour ma part je recommande aux amateurs débutants de partir de certains éléments préétablis. Il est en effet toujours plus facile de travailler à partir d'un choix restreint de couleurs. Parmi les tendances des dernières années, nous observons la thématique du jardin romantique où dominent les couleurs tendres. On trouve des végétaux aux fleurs roses, bleu pâle, mauves et leurs nuances associées, le plus souvent, les fleurs blanches et les feuillages argentés. Également, les plantations où se côtoient des couleurs analogues, c'est-à-dire les différentes nuances d'une couleur franche (par exemple, l'orange avec le rouge orangé et le jaune orangé) ; ces associations sont faciles à réaliser et toujours agréables

Les compositions florales polychromatiques sont conçues sans égard au choix des couleurs.

à contempler. Ces modèles de compositions florales permettent aussi de se familiariser avec les autres critères de sélection comme le jeu des formes des végétaux et les textures des feuillages.

Certains jardiniers s'intéressent aux compositions monochromatiques. Dans ce type de tableau floral, on détermine d'abord une couleur franche (toutes les couleurs peuvent faire l'objet d'une plate-bande chromatique mais le blanc demeure de loin le premier choix des amateurs), puis on compose des variations d'après l'intensité et les nuances de cette couleur en jouant également sur la forme et la densité des fleurs et des inflorescences ainsi que sur les formes des végétaux et la texture des feuillages.

Les compositions florales polychromatiques sont conçues sans tenir compte du choix des couleurs. Bien que très répandu, ce type de plantation est plus difficile à réussir. En effet, les associations polychromatiques demandent une bonne planification pour être intéressantes et harmonieuses. Rares sont les tableaux floraux réussis où le hasard et l'impulsivité ont guidé le choix des végétaux. La juxtaposition anarchique d'un grand nombre d'espèces ou de cultivars donne très rarement un résultat satisfaisant. Elle suscite le plus souvent une impression de fouillis coloré. Dans une plate-bande polychromatique harmonieuse, le concepteur planifie soigneusement l'effet des contrastes et des dégradés tout en reprenant, au besoin, les associations les plus intéressantes.

ANALYSER UNE COMPOSITION FLORALE

L'impression d'unité ou de désordre qui se dégage d'une composition florale dans un aménagement peut être analysée et, d'une certaine manière, décortiquée. Cela nous permet de concevoir plus aisément des tableaux floraux équilibrés et harmonieux. Les mots clés facilitant cette analyse, soit la **discipline** et la **générosité** ainsi que la lecture des **harmonies** et des

contrastes, sont des concepts qui permettent d'évaluer la perception générale qui se dégage de l'ensemble ou d'une partie d'un aménagement. Cette impression varie selon la personnalité et l'expérience de celui qui l'exerce; elle évolue souvent avec le temps.

Ainsi, dans une composition florale, une trop grande générosité, se traduisant par un enchevêtrement de végétaux divers réunis sans trame ni fil conducteur, donne une impression de confusion; un excès de plantes différentes ou une surabondance de couleurs donne une impression de désordre. Il arrive souvent qu'un aménagement harmonieux à sa réalisation deviennent désordonné avec la croissance des végétaux parce que ceux-ci s'entremêlent ou que le jardinier néglige de les tailler, de les déplacer ou encore de les redisposer. À l'opposé, un choix trop restreint de plantes disposées en rangées strictes donne une impression de rigidité qui manque de naturel. Personnellement, cette disposition disciplinée m'apparaît évidente lorsque je contemple les compositions bordées de longues bandes d'annuelles bien ciselées.

Vient ensuite la lecture des harmonies et des contrastes qui marquent le développement d'une plantation. Il existe plusieurs façons d'obtenir des contrastes dans une plate-bande. On peut jouer avec la hauteur et la forme des végétaux, avec les textures ou les couleurs des feuillages, les formes et les masses de fleurs, les inflorescences, ou encore avec les couleurs. Compte tenu des critères soulignés, s'il semble facile de créer de nombreux effets contrastants, l'expérience prouve qu'il est moins aisé de se retrouver parmi la multitude des associations possibles. Pour faciliter la compréhension de ce concept, on pourrait simplifier en distinguant au sein d'une composition florale deux grands types de plantations : les plantes dites **maîtresses**, c'est-à-dire celles qui donnent un accent particulier, soit ponctuel (parce que leur intérêt ornemental ne dure qu'un temps) soit pérenne (l'intérêt est prolongé) et les espèces de **soutien** servant de lien harmonique entre les plantes maîtresses. Ces espèces sont plus modestes, fleurissant sur une plus courte période ou offrant un feuillage décoratif, leur fonction

Il est possible d'analyser une composition florale pour y déceler les harmonies et les contrastes.

est de servir de faire-valoir.

En choisissant d'abord des plantes qui créent un ou des accents permanents (des rosiers arbustifs, des conifères érigés, de grands arbustes ou même une grande plante annuelle) ou encore un ou des accents ponctuels (dans le cas de vivaces ou de bisannuelles de grande taille) et, ensuite, des plantes compagnes, il devient plus aisé de transcrire ses choix sur un plan ou en plaçant directement les spécimens dans la plate-bande.

Ainsi, dans l'exemple proposé en page 34, l'émergence de la hampe florale de la fritillaire impériale (***Fritillaria imperialis***) donne, tôt au printemps, un accent particulier à ce tableau, qui sera ensuite déplacé sur la floraison des nombreuses tulipes. Puis suivra l'épanouissement des fleurs rose pâle des pavots d'Orient (*Papaver orientale* 'Princess Victoria Louise') et de la magnifique pivoine 'Ruslight'. Vers le milieu ou la fin de juin, notre regard sera immédiatement attiré par la floraison des rosiers arbustifs modernes 'John David' et 'Robusta'. Un peu plus tard, le grand épi du pied-d'alouette (***Delphinium x elatum***) captera notre attention en même temps que la masse de capitules des marguerites (*Chrysanthemum maximum*). À la mi-août, notre intérêt se portera sur la magnifique floraison

Une composition florale réussie combine des plantes maîtresses et des espèces de soutien.

Disposer adéquatement les plantes sélectionnées n'est pas si difficile ; l'élaboration d'un plan sommaire facilite ce travail.

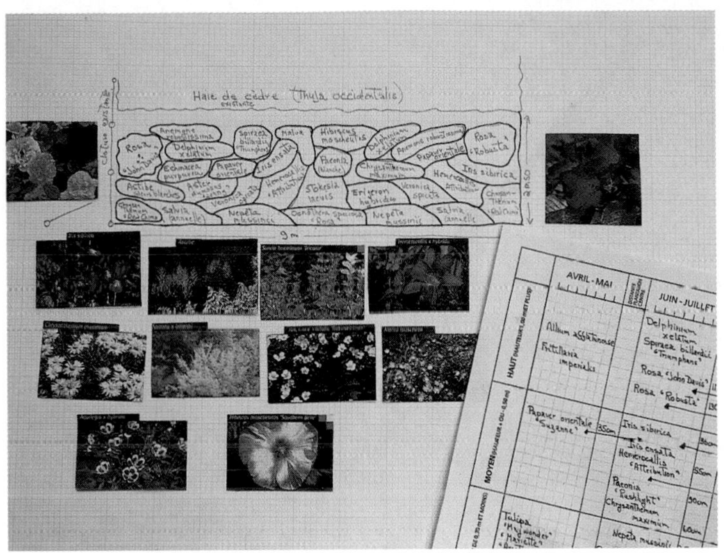

La préparation d'un plan nous permet de visualiser sommairement les associations.

des ketmies palustres (***Hibiscus moscheutos*** 'Southern Belle') et des bractées colorées des sauges annuelles (***Salvia horminum*** 'Clarissa') pour se déplacer vers les chrysanthèmes de l'Arctique (***Chrysanthemum arcticum*** 'Red Chimo') et l'aster d'automne (***Aster dumosus*** 'Jenny') aux nombreux petits capitules rose vif.

Les végétaux choisis en fonction des critères de sélection et d'adaptabilité établis précédemment n'ont pas toujours le même intérêt ou la même valeur. Il faut considérer en dernier ressort les particularités de chacune d'elles par rapport à ses voisines et compagnes. Entrent en jeu leur capacité d'extension (certaines plantes se développent rapidement et deviennent envahissantes), la disparition du feuillage de la majorité des plantes bulbeuses printanières ou de certaines vivaces (notamment les myosotis et les pavots orientaux) durant la saison de croissance et le développement tardif de certains genres, tels les hostas, les asters, les chrysanthèmes d'automne et les anémones d'automne qui, à peine visibles au printemps, atteignent leur plein développement plus tard en saison.

Disposer adéquatement les plantes sélectionnées et les assortir les unes aux autres supposent une bonne connaissance de la grande variété des végétaux disponibles. Pour vous aider à concevoir votre plan d'aménagement, vous pouvez recourir à des ouvrages spécialisés qui proposent des plans de jardin prêts à l'emploi en les modifiant selon vos besoins ou, encore, utiliser les dessins autocollants que l'on peut repositionner. Une fois le canevas des associations entrepris, vous pouvez transcrire l'ébauche de votre composition florale sur une feuille quadrillée à une échelle qui facilite la mise en place des associations (voir exemple). On positionne d'abord les plantes maîtresses, en respectant les distances de plantation requises, puis on place les plantes de soutien.

En colorant votre plan, vous aurez un aperçu du tableau floral ; pour une meilleure compréhension de la répartition des couleurs dans la plate-bande, on peut superposer trois feuilles d'acétate transparentes et colorer (au crayon feutre) la composition. Certains amateurs découpent dans des catalogues ou des magazines les images des plantes choisies et les placent de façon à comprendre l'évolution des compositions florales.

4. ÉTUDE D'UN CAS

Afin de mieux comprendre les notions traitées dans les chapitres précédents, je me permets de vous entretenir de l'étude d'un cas, celui d'une section de mon propre jardin, en commentant le choix des végétaux sélectionnés et le contexte de leur sélection.

Lors de l'aménagement de mon jardin, à l'arrière de ma résidence nouvellement acquise, j'avais décidé de remplacer le vieux balcon d'origine et de lui adjoindre une terrasse surélevée en bois traité à l'emplacement d'une surface délimitée par un carré de pierres de ciment. Le budget prévu pour les premiers travaux excluait, à court terme, la rénovation du balcon et la construction de la terrasse. Bien que planifié dès le départ comme lieu de détente et de contemplation du jardin, ce point central de mon aménagement ne serait entrepris qu'après la mise en place de la grande plate-bande en forme de fer à cheval, adossée à ma haie de cèdres (*Thuja occidentalis*).

Au départ, j'ai attribué à la cour arrière un thème spécifique : roses, blanc et bleu. Le pluriel de rose fait référence d'abord à la couleur puis, par extension, à la fleur du rosier. Étant personnellement un amateur inconditionnel des plantes vivaces, j'ai planifié mes plates-bandes en intégrant majoritairement des vivaces et des rosiers. Mon choix se portait essentiellement sur des rosiers rustiques sous notre climat, qui ne demandent pas une protection hivernale particulière. Bien que le choix d'un thème ne soit pas obligatoire, cela facilite parfois l'intégration des végétaux dans un aménagement. Ce thème qui devient le fil conducteur de la composition florale peut prendre de nombreuses facettes : jardin romantique,

Le remplacement du vieux balcon d'origine s'imposait.

L'ajout d'une terrasse surélevée à l'emplacement de l'ancien patio modifie de façon importante la cour arrière.

Le thème de l'aménagement de la cour arrière : bleu, blanc et rose.

jardin monochromatique, jardin d'oiseaux ou de papillons, jardin de sens, etc.

Lors de la préparation du sol de la grande plate-bande, j'ai eu la chance exceptionnelle de découvrir que la terre sous la surface gazonnée à aménager convenait parfaitement à l'introduction des vivaces et des rosiers sélectionnés. Une fois la tourbe enlevée, j'ai d'abord trouvé dix centimètres d'une belle terre organique, puis vingt à trente centimètres d'une terre légèrement sablonneuse. Une fois cette terre bêchée, j'ai ajouté une bonne quantité de mousse de tourbe, du compost de fumier de mouton et une poignée d'engrais organique par mètre carré avant de « rotoculter » la plate-bande. Comme mon budget prévoyait une certaine somme pour l'achat et l'ajout de terre organique (terre noire d'origine végétale) sur la plate-bande à aménager et que cela n'a pas été nécessaire, je l'ai donc consacrée à l'achat du bois traité pour la réfection du balcon et la construction de la terrasse.

L'AMÉNAGEMENT DE LA TERRASSE

Une fois la terrasse construite, j'ai aménagé cette section de mon jardin. Le pourtour a d'abord été détourbé et une partie des pierres de l'ancienne terrasse a été enlevée pour créer une longue plate-bande d'environ 1,50 à 1,75 m de largeur. Celle-ci débute près des marches d'accès (côté est de la terrasse) et contourne la plateforme jusqu'au balcon en intégrant, au passage, un ancien lampadaire qui sert désormais de support à une mangeoire pour les oiseaux. Cette structure verticale supporte deux rosiers grimpants entremêlés. Ces rosiers '**William Baffin**', issus du programme d'hybridation d'Agriculture Canada à la ferme expérimentale d'Ottawa, offrent une excellente rusticité (zone 4) et ne nécessitent pas de protection hivernale particulière. Un autre spécimen orne également une partie du nouveau balcon et ce, pour mon plus grand bonheur. Vers la mi-juin, une multitude de boutons floraux éclosent et les rameaux se couvrent alors d'une masse de fleurs doubles rose moyen. La première floraison très spectaculaire est suivie de quelques fleurs jusqu'aux fortes gelées d'automne. Les longues tiges sont entrelacées autour du support de la mangeoire pour assurer un abri aux oiseaux qui viennent s'y alimenter tout en constituant un obstacle aux écureuils avides des graines de tournesol. Les jeunes tiges flexibles du spécimen appuyé sur mon balcon sont attachées le long de la rampe de protection pour constituer un écran de feuilles et de fleurs atténuant la « rigidité » de la balustrade.

LA PLATE-BANDE CÔTÉ EST

La plate-bande commence avec l'implantation de deux pivoines : une pivoine officinale à fleurs doubles (***Paeonia officinalis*** 'Rosea Plena') offerte par ma mère lors de l'achat de ma résidence et provenant de son propre jardin ainsi qu'une pivoine botanique assez rare, la ***Paeonia obovata***, une espèce à floraison printanière, aux fleurs simples d'un rose pâle. Cette dernière fut obtenue par échange avec un ami horticulteur. Deux rosiers arbustifs modernes, des '**Morden Centennial**', sont plantés à l'arrière des pivoines (ou selon le point de vue, ils sont adossés à la terrasse). Ce cultivar particulièrement intéressant est le produit des travaux de recherche de la station Morden (Manitoba) d'Agriculture Canada. Très rustique (zone 3), ce rosier arbustif, d'environ 1,00 m de hauteur, portant une multitude de fleurs doubles d'un rose moyen, remplace très avantageusement un autre cultivar, le 'Carefree Wonder', introduit à l'origine et beaucoup

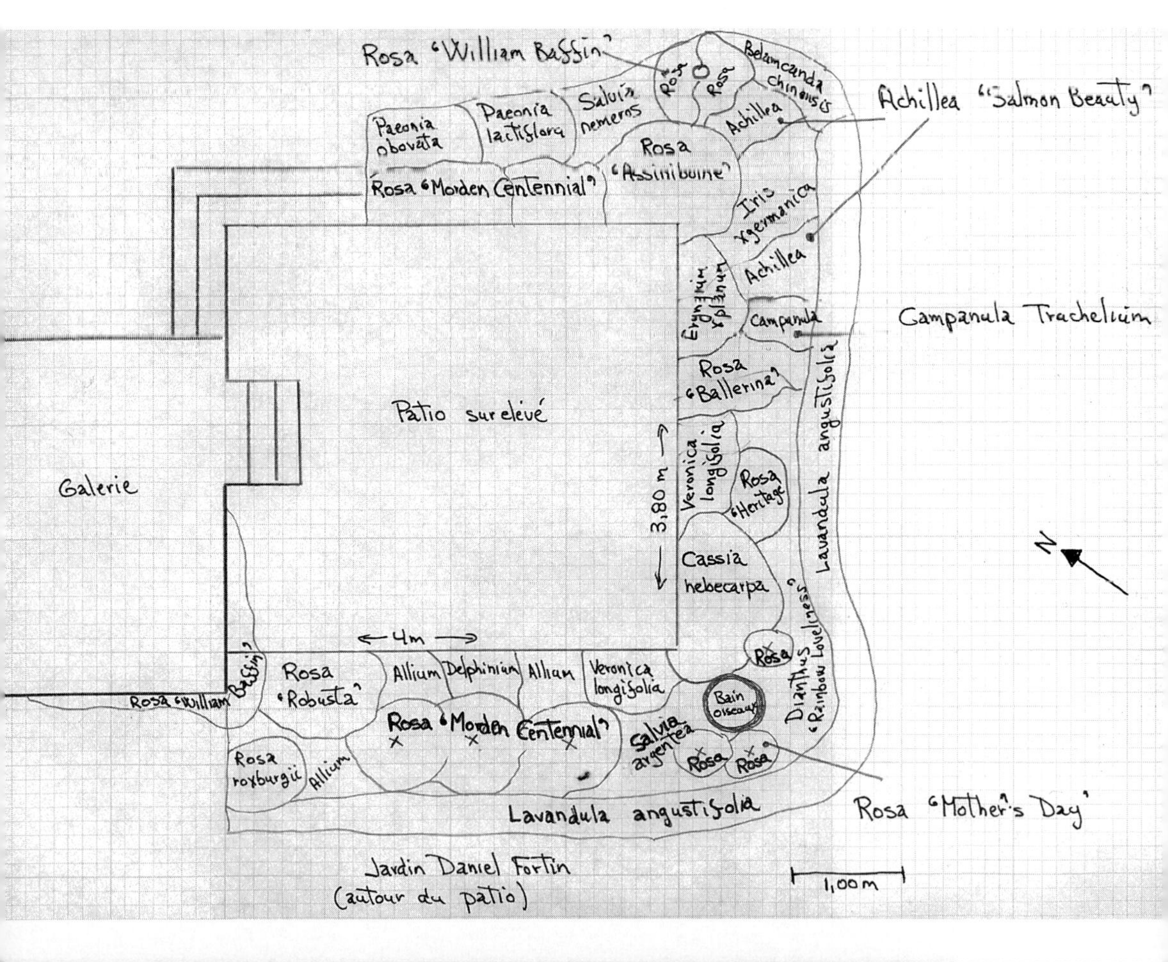

Le résultat final de l'aménagement du pourtour de la terrasse.

Un rosier grimpant rustique, le cultivar 'William Baffin', profite de la structure d'un ancien lampadaire situé à proximité de la terrasse.

moins rustique qu'indiqué. Je considère le 'Morden Centennial' comme un des rosiers les plus performants pour notre climat et je n'hésite pas à le recommander à tous les amateurs de rosiers. Dans cette plate-bande, on trouve également trois autres plants de ce cultivar introduits de l'autre côté (côté ouest) de la terrasse et qui servent de rappel.

Un autre rosier arbustif très rustique (zone 3), le *Rosa* '**Assiniboine**', également originaire de l'Ouest canadien, s'élève à l'angle sud-est de la terrasse ; ses tiges se mêlent à ceux des rosiers grimpants sur le poteau de la mangeoire. Je rabats ce plant à 50 cm de hauteur chaque printemps pour restreindre le développement de ce rosier arbustif de grande taille. Cette taille vigoureuse, qui ne nuit nullement à la croissance de l'arbuste, préserve ma vue sur la grande plate-bande de vivaces. On trouvera également à cet endroit, entre les plantations, quelques spécimens d'iris bulbeux (***Iris x hollandica***) qui ont été introduits sur un sol très sablonneux au drainage parfait, condition primordiale à leur survie. Deux plants de sauge superbe (***Salvia x sylvestris***

Une vue surélevée du côté est de la terrasse et de la cour arrière.

'**May Night**') sont plantés en bordure de cette partie de la plate-bande. Leurs inflorescences érigées bleu violacé se dressent vers la mi-juin et perdurent pendant trois semaines. Cette vivace rustique (zone 4) est de culture facile et tolère une courte période de sécheresse.

LA PLATE-BANDE CÔTÉ SUD-EST

L'angle sud-est de la plate-bande de la terrasse accueille un groupement de faux-iris tigrés (***Belamcanda chinensis***), de lis asiatiques et un cultivar très florifère d'achillée hybride (***Achillea x hybrida***), le '**Salmon Beauty**'. Présentant une résistance à une courte sécheresse, les achillées ont connu une grande diversification quant au coloris de leur inflorescence. Du blanc pur au rose pâle ou au jaune vif des espèces botaniques et des premiers cultivars offerts sur le marché, on peut maintenant se procurer des spécimens aux couleurs variées et plus attrayantes. Outre le cultivar 'Salmon Beauty', aux corymbes d'un saumon foncé, je possède également dans ma grande plate-bande un autre cultivar performant, facile à obtenir par semis, le 'Summer's Pastels', aux inflorescences mélangées dans les tons de jaune, de blanc et de rose. Moins envahissants que les espèces botaniques, les nouveaux cultivars sont tout aussi rustiques (zone 3b). Leurs tiges florales sont également plus robustes et leur floraison prolongée. Les corymbes des achillées s'associent harmonieusement à toutes les autres inflorescences érigées ou aux fleurs bien marquées comme celles des lis et des hémérocalles.

À l'instar de la grande majorité des jardiniers qui possèdent des lis asiatiques dans leur jardin, les miens sont régulièrement visités par un petit coléoptère d'un rouge orange vif, le criocère du lis. Cet insecte qui apparaît dès la fonte des neiges s'attaque d'abord à mes plants de fritillaire impériale (***Fritillaria imperialis***). Tous les jours, je me dirige vers ces grandes plantes bulbeuses pour écraser (avec mes doigts) les criocères qui se délectent du feuillage. Malgré cela, de nombreux ravageurs s'attaquent

Les fleurs du rosier 'Morden Centennial' sont rose foncé à l'automne.

aux nouvelles pousses de lis dès qu'elles pointent du sol. Étant donné la quantité de bulbes de lis, je dois recourir à un insecticide systémique (diméothate) pour maîtriser les criocères. Si par négligence les ravageurs sont laissés sur un plant non traité, celui ci est entièrement défolié non seulement par l'insecte adulte mais aussi par ses larves disgracieuses, qui ont la particularité d'être recouvertes de leurs excréments pour les prédateurs possibles. Je conseille aux amateurs peu enclins aux traitements phytosanitaires d'oublier la culture des lis bulbeux.

Pour une raison similaire, l'introduction des iris des jardins (*Iris x germanica*) est également à éviter, du moins pour les amateurs qui refusent d'utiliser des insecticides de synthèse dans leur jardin. La culture de cette plante vivace est depuis quelques années grandement affectée par un autre ravageur, le perceur du rhizome de l'iris. L'insecte adulte est un papillon plutôt anodin qui pond ses œufs sur les vieilles feuilles de l'iris des jardins. Ceux-ci éclosent,

Une achillée hybride (*Achillea* 'Salmon Beauty').

Ci-contre : les rosiers 'Morden Centennial' sont très florifères.

Les iris des jardins (***Iris x germanica***) arborent de magnifiques fleurs. Je dois cependant les traiter régulièrement contre le perceur du rhizome de l'iris.

puis la jeune chenille se déplace jusqu'au rhizome où elle gruge peu à peu l'intérieur. Les premiers symptômes apparaissent vers la fin de juin ou au début de juillet avec le brunissement des parties supérieures des feuilles. À cette étape, le rhizome est grandement affecté et la chenille est alors bien développée. Outre la perte de la réserve de l'iris, les dégâts faits par ce ravageur entraînent également une pourriture du rhizome. Pour protéger les iris contre le perceur du rhizome de l'iris, il faut traiter son feuillage, dès la mi-mai, avec un insecticide systémique et répéter ce traitement deux ou trois fois à un intervalle de dix à quatorze jours. On recommande fortement d'enlever et de détruire, l'automne venu, toutes les feuilles mortes des iris des jardins.

Bien que je privilégie l'utilisation des iris de Sibérie (***Iris sibirica***) et des iris japonais (***Iris ensata***) dans les plates-bandes de mon jardin, je possède également de belles touffes d'iris des jardins autour de ma terrasse. Celles-ci sont disposées à chaque angle de la structure. J'apprécie toujours, malgré le travail supplémentaire que cela m'impose, leur magnifique floraison. Ces plantes m'ont été données par des amis, je n'ai donc pas les noms des cultivars. Un groupe arbore des fleurs rose violacé à la base d'un jaune ocre brunâtre, alors que le second groupe présente des fleurs bleu violacé et mauves.

Moins connu des amateurs, le faux-iris tigré (***Belamcanda chinensis***) est une vivace rustique (zone 4b) dont le feuillage ressemble beaucoup à celui des iris des jardins, d'où son nom populaire. Il s'en différencie par ses feuilles lancéolées imbriquées alternativement sur une tige ; cela donne une texture intéressante et peu courante. À la mi-juillet, une hampe florale ramifiée se dresse au-dessus du feuillage et exhibe de nombreuses petites fleurs étoilées orange ponctuées, à la base des tépales, de points et de taches rouges. Son rhizome, plutôt grêle, n'est pas affecté par la chenille prédatrice de celui des iris rhizomateux. Cette plante est très facile à multiplier par ses graines. Semées tôt au printemps, les

Le faux-iris tigré (***Belamcanda chinensis***).

jeunes spécimens seront transplantés à l'emplacement et fleuriront l'année suivante.

LA PLATE-BANDE CÔTÉ SUD

La **lavande** (*Lavandula angustifolia*), qui forme une haie basse devant le groupement d'iris des jardins jusqu'à l'extrémité ouest de la plate-bande, encadre parfaitement cette partie de l'aménagement. Ce petit arbuste ligneux au feuillage argenté et aux inflorescences parfumées devient, au moment de la floraison, un élément vedette de ma composition florale et cela, malgré sa taille réduite. Ces lavandes obtenues de semis et plantées dans mon jardin ne nécessitent pas de protection hivernale particulière hormis une bonne accumulation de neige durant l'hiver. On la considère comme rustique en zone 5 si elle bénéficie d'un sol très bien drainé. Une terre caillouteuse ou sablonneuse lui convient parfaitement et elle exige une situation pleinement ensoleillée. Comme elle tolère une longue période de sécheresse, la lavande peut être introduite là où bien des plantes ne survivraient pas. Pour l'avoir expérimenté, une accumulation d'eau tôt au printemps ou au début de l'hiver conduit rapidement au dépérissement des plants. La reproduction par semis est facile : les graines semées à la fin janvier porteront des fleurs la même année une fois les plants introduits dans la plate-bande.

L'aménagement se poursuit avec la présence de quelques plants de **panicauts** (*Eryngium x planum*). Cette espèce rustique (zone 3b) porte un feuillage basilaire arrondi d'où s'élève une hampe florale de 60 à 90 cm de hauteur. Celle-ci se ramifie au sommet et porte une multitude de petits capitules ovoïdes bleu violacé entourés de courtes bractées bleu argenté. Cette inflorescence particulière s'associe bien à la grande majorité des autres fleurs de la composition florale. La floraison de cette vivace est assez longue et son intérêt ornemental perdure plus de cinq semaines. En outre, ce panicaut, comme la majorité des autres espèces offertes dans les pépinières, tolère bien une situation de plein soleil et une courte période de sécheresse. Il n'est jamais affecté par les insectes ou les maladies.

L'inflorescence des panicauts (*Eryngium x planum*) est particulièrement décorative.

En devanture, on trouve une reprise d'achillées hybrides '**Salmon Beauty**' et un groupe d'une campanule peu connue, la **campanule gantelée** (*Campanula trachelium*). Celle-ci a été obtenue par semis et introduite dans un espace vacant de la plate-bande où j'observe son comportement. J'ai un grand intérêt pour le genre *Campanula* et l'on trouve d'autres espèces dans mes autres plates-bandes. Outre cette nouvelle acquisition, on peut contempler les superbes campanules à fleurs de pêcher (*Campanula persicifolia*) aux fleurs en clochettes blanches et bleues. Celles-ci sont portées sur une hampe florale érigée d'environ 30 à 60 cm de hauteur. La grande et méconnue campanule à fleurs laiteuses (*Campanula lactiflora*), dont la floraison forme un large corymbe terminal particulièrement décoratif au sommet des tiges feuillées de 1,00 à 1,20 m de hauteur, occupe une place de choix dans mes autres associations. Le cultivar 'Loddon Anna' est à rechercher pour ses fleurs d'un rose lilas pâle. Il faut également souligner que la floraison de mes campanules à larges feuilles (*Campanula latifolia*) ne passe jamais inaperçue ; cette espèce arbore des fleurs tubulées, d'un bleu violacé, portées sur des hampes florales de 80 à 90 cm de

Le rosier 'Ballerina' est l'un de mes rosiers préférés.

hauteur. Ces campanules rustiques (zone 4) sont de culture facile et fleurissent abondamment dans mon jardin sans qu'elles nécessitent de soins particuliers. Je n'ai donc aucun problème à les conseiller aux amateurs de vivaces.

Ma composition florale se poursuit avec un de mes rosiers préférés peu connu des amateurs, le cultivar '**Ballerina**'. Cet arbuste rustique (zone 4b), plus ou moins érigé, dont les tiges s'étalent ou s'élèvent sur 1,20 à 1,50 m de longueur porte une multitude de corymbes de fleurs simples d'un rose très pâle avec les bords des pétales plus foncés. Lors de la première floraison, ce rosier disparaît sous une avalanche de fleurs. Dans mon jardin, où il croît à proximité de nombreuses plantes vivaces de haute taille, son port est nettement plus évasé. Ses inflorescences portées au bout des tiges étalées se développant à travers les touffes des autres vivaces constituent un tableau floral particulièrement réussi. J'ai observé que les rosiers exhibant des corymbes de petites fleurs donnent un effet esthétique plus intéressant lorsqu'ils sont associés aux autres plantes ornementales. Outre le cultivar 'Ballerina', les rosiers ***polyantha***, les rosiers ***chinensis***, les rosiers rugueux à fleurs d'œillet (*Rosa rugosa*), notamment la série issue du 'F.J. Grootendorst', les rosiers arbustifs modernes, particulièrement les 'Bonica', 'John Davis', 'Frontenac', 'Morden Amorette', 'Morden Blush', 'Morden Cardinette', 'Morden Fireglow' et 'The Fairy' me semblent des choix heureux.

Vient ensuite, accolée à la terrasse, une touffe de **véronique à longues feuilles** (*Veronica longifolia*). Cette vivace rustique (zone 3), aux tiges dressées d'environ 80 à 120 cm, porte de longs épis de minuscules fleurs d'un bleu violacé. Ses inflorescences s'associent bien aux corymbes, aux capitules, aux panicules ainsi qu'aux fleurs solitaires. C'est pour cette raison que j'ai installé un rosier anglais, le cultivar '**Heritage**', dont les fleurs globulaires s'entremêlent avec les épis des véroniques et des lavandes de la bordure. Les rosiers anglais, aussi connus sous l'appellation de rosiers Austin (du nom de leur créateur, David Austin), sont maintenant disponibles dans la plupart des pépinières et centres-jardins. Issus de croisements entre les rosiers anciens et les rosiers hybrides modernes (hybride de thé et ***floribunda***), ces rosiers arborent des fleurs aux formes gracieuses et souvent similaires aux roses anciennes tout en présentant des coloris très variés et une excellente « remontance ». La rusticité des cultivars (zone 5) est bonne dans le sud-ouest du Québec. Il est préférable de butter les plants introduits la première année, ensuite, ils ne nécessitent par de protection particulière en zone 5. Le cultivar 'Heritage' est un rosier aux longues tiges d'abord érigées, puis étalées, d'environ 1,00 à 1,50 m de haut. Les fleurs rose pâle, en forme de coupe parfaite, sont groupées en bouquets de trois à cinq fleurs, au sommet des tiges peu épineuses. La floraison est remontante. Il s'agit d'un spécimen qui crée un accent magnifique lors de l'épanouissement de ses fleurs.

Ci-contre : le magnifique rosier anglais 'Heritage'.

LA PLATE-BANDE ANGLE SUD-OUEST

Bien que le jaune soit presque absent dans mon jardin, je l'utilise parcimonieusement pour mettre en valeur le bleu de certaines fleurs. À la fin de l'été, j'ai une affection particulière pour un arbuste subligneux, le ***Cassia hebecarpa***. Sous notre climat, cette espèce se comporte comme une grande vivace dont les nombreuses tiges érigées subligneuses, d'environ 1,50 à 1,80 m de hauteur, se dessèchent jusqu'au sol en hiver. Rustique (zone 5), cette grande plante porte des feuilles composées de huit à dix paires de petites folioles à l'effet exotique. Son feuillage et ses inflorescences me rappellent mes nombreuses herborisations dans les savanes sénégalaises où j'ai eu la chance de travailler au début des années 1980, ce genre étant assez bien représenté sous les tropiques. À la mi-août, une multitude de petites fleurs jaunes, typiques de la famille des légumineuses, s'épanouissent sur des panicules plus ou moins denses, au sommet des tiges feuillées. Le coloris intense de ces fleurs compense la baisse d'intensité lumineuse de cette période de l'année. Cet arbuste est difficile à obtenir dans les pépinières, mais j'ai bon espoir de le voir reproduit lorsque ses qualités ornementales seront mieux connues. Ce végétal de grande dimension se développe très tardivement et les nouvelles pousses sont rarement apparentes avant la fin mai. Avant d'occuper tout le coin sud-ouest de la terrasse, l'espace encore libre à proximité permet l'épanchement de quelques pavots d'Orient ***(Papaver orientale)***.

À la mi-août, la floraison du *Cassia hebecarpa* attire toute l'attention.

AUTOUR DU BAIN D'OISEAU

Ces grands pavots ont été parmi les premières plantes sélectionnées pour la confection de la composition florale de ma grande plate-bande. J'aime ces grosses fleurs dont les pétales exhibent une texture rappelant le papier crêpé. Tous les plants introduits portaient des fleurs rouges à rouge orangé. Pour faire changement, j'ai décidé de me procurer des plants du cultivar '**Princess Victoria Louise**' aux fleurs d'un rose tendre que j'ai plantés près de mon bain d'oiseau. Il faut cependant noter que les fleurs sont éphémères et perdurent quelques heures seulement ou au mieux un jour ou deux par temps frais. Heureusement, la floraison se renouvelle pendant une quinzaine de jours au maximum, ce qui est peu, j'en conviens. Le feuillage disparaît également en milieu de saison de croissance alors, si on utilise les pavots d'Orient en large groupement, cela laisse une trouée inesthétique dans la plate-bande. Il est donc préférable de les planter en bandes allongées et de les associer à des plantes dont le développement viendra combler l'espace laissé vacant.

Les pavots côtoient un groupement d'œillets hybrides fort intéressants, le *Dianthus x hybridus* '**Rainbow Loveliness Mixed**'. Ce cultivar n'est pas disponible dans les pépinières ; les semences ont été achetées chez le grainetier Thompson & Morgan. On oublie que faire des semis réduit considérablement le coût d'acquisition des végétaux ; c'est ainsi que, malgré un budget d'acquisition modeste, j'ai réussi à terminer mes plates-bandes. Encore aujourd'hui, je m'amuse à reproduire de nombreuses vivaces chaque année, question de garder la main. Le cultivar mentionné se caractérise par ses pétales longuement frangés dans les tons de rose et de blanc rosé. La floraison est spectaculaire et perdure deux à trois semaines. Bien que rustique (zone 4), cet œillet s'épuise rapidement et les plants doivent être renouvelés aux deux ans.

Outre les œillets et les pavots, des rosiers ***polyantha*** **'Mother's Day'** entourent le bain d'oiseau. Ce rosier est assez connu des amateurs car il est offert lors de la fête des Mères ; le plus souvent, on le conserve à l'intérieur sans savoir qu'il est rustique (zone 4b) sous notre latitude. Ce petit rosier, d'environ 35 à 60 cm de hauteur, porte de nombreuses petites fleurs semi-doubles, aux pétales rouges, réunies en corymbes de plus de 20 fleurs au sommet de tiges feuillées. Il performe bien dans toutes les plates-bandes en situation ensoleillée et dans un sol bien drainé. Outre le cultivar mentionné, on trouve également des mutations à fleurs blanches, rose pâle ou orange. Compte tenu de sa grande floribondité et de sa résistance aux maladies, il est dommage que celui-ci ne soit pas plus souvent intégré dans les compositions florales des amateurs.

À proximité, de grandes feuilles gaufrées et velues de **sauge argentée** (*Salvia argentea*) donnent, même sans fleurs, un effet décoratif saisissant. Cette sauge vivace (zone 4), plutôt éphémère (elle s'épuise à fleurir), se comporte comme une bisannuelle. La première année, elle porte une grosse rosette de feuilles laineuses d'un joli coloris argenté. La seconde année, des hampes florales, de 70 à 90 cm de hauteur, s'élèvent du centre de la rosette. Ces hampes portent une multitude de fleurs d'un blanc pur. Difficile de ne pas être enthousiasmé devant l'effet époustouflant de cette floraison. Une espèce à introduire absolument !

Le rose du pavot oriental 'Princess Victoria Louise' prend un coloration chaude au coucher du soleil.

Un œillet remarquable, le *Dianthus x hybridus* 'Rainbow Loveliness Mixed'.

LA PLATE-BANDE CÔTÉ OUEST

On trouve près des sauges argentées, appuyée à la terrasse, une touffe de véroniques et un groupement d'iris des jardins (*Iris x germanica*) puis, à proximité de ces dernières, quelques bulbes d'**ails décoratifs** (*Allium aflatunense*). Le genre *Allium* est bien représenté dans mon jardin. Outre l'espèce mentionnée, je cultive également

Un petit rosier rustique, le *Rosa polyantha* 'Mother's Day'.

l'ail de Christophe (*Allium christophii*), l'ail baguette de tambour (*Allium sphaerocephalon*) et de la ciboulette (*Allium schœnoprasum*). Les bulbes de l'*Allium aflatunense*, une espèce rustique (zone 4b) disponible dans tous les centres-jardins, sont peu coûteux. Cette espèce porte une jolie ombelle d'environ 15 cm de diamètre, sur une hampe florale de 60 à 90 cm de hauteur, de fleurs rose lilas foncé. Les ombelles s'épanouissent au début de juin et partagent l'intérêt avec les fleurs des iris. Je laisse ensuite les hampes florales se dessécher, ce qui donne un effet décoratif assez particulier. J'ai également deux petites touffes de ciboulettes, utiles comme herbe autant aromatique qu'ornementale grâce à ses petites inflorescences rose pâle. Celles-ci sont placés à l'extrémité de la plate-bande près des rosier 'Robusta' et *Rosa roxburghii*.

Dans cette partie de la plate-bande, j'ai également planté une cinquantaine de bulbes de tulipes '**Bleu Aimable**'. Comme un grand nombre d'amateurs, j'ai été influencé par la très belle présentation des sacs de bulbes de ces tulipes simples tardives où l'on nous présente des fleurs

Une autre vue en surplomb du côté ouest de la terrasse et de la cour arrière.

nettement bleues. Évidemment, la réalité est tout autre, les fleurs bleues s'avérant d'un rose violacé assez foncé. Un second essai effectué avec le même cultivar a confirmé sa coloration qui n'est aucunement à la hauteur de son image. Malgré cette « imposture », je considère ce cultivar comme remarquable et il mérite largement sa place dans mon jardin.

Nous retrouvons ensuite un alignement de trois plants du rosier arbustif 'Morden Centennial'. Ce massif constitue une reprise de l'accent présent du côté est de la terrasse ; en devanture, la haie de lavande encadre la scène, alors qu'à l'arrière se trouve, outre la véronique et les ails décoratifs, un plant de **pied-d'alouette** (*Delphinium x elatum*) à l'inflorescence d'un bleu violacé. Cette grande plante vivace rustique (zone 3) nécessite ici un tuteurage, car le vent et la pluie font ployer la hampe florale. Elle demande un sol profond, riche en matière organique et une situation ensoleillée. Le grand épi de fleurs s'élève sur plus de 1,50 m de hauteur et donne un fort accent dans ce tableau pour autant que la hampe florale reste intacte.

Une sauge bisannuelle, la *Salvia argentea*.

Quelques hampes d'ails décoratifs s'associent à des iris des jardins.

Au printemps, des tulipes 'Bleu Aimable' enjolivent ce coin de mon jardin.

PRÈS DU BALCON

Un rosier arbustif moderne, le cultivar '**Robusta**', se dresse près du balcon. Cet arbuste superbe, avec son feuillage foncé et luisant, se dresse sur 1,50 à 2,20 m de hauteur. Le sommet des tiges fortement épineuses porte des fleurs simples, rouge velouté, réunies en corymbes de 10 à 20 fleurs. Rustique (zone 4 et peut-être 3), ce rosier de grande dimension se trouve bien à l'étroit dans ma plate-bande. Pour contrôler son développement, une taille printanière assez draconienne s'impose. J'ai également déplacé un certain nombre de plantes croissant à proximité pour lui donner de l'espace. Ce traitement de faveur est bien mérité, car j'admire ses fleurs magnifiques d'un rouge exceptionnellement lumineux sur un feuillage foncé. Ses jolies fleurs sont protégées par des tiges épineuses difficiles à manipuler comme autant de sentinelles gardant jalousement un précieux trésor. Relativement facile à obtenir dans les centres-jardins, ce rosier convient à tous les amateurs de rosiers, mais je conseille de l'utiliser dans une grande plate-bande où son port naturel sera vraiment mis en valeur.

Cette plate-bande se termine par le rosier grimpant 'William Baffin' (déjà mentionné au début de ce chapitre) et un rosier botanique peu connu, le ***Rosa roxburghii***. Cet arbuste porte un feuillage assez intéressant nettement plus délicat que les autres rosiers. Rustique (zone 5), il mesure 2,50 m de hauteur par autant en étalement, mais comme je dois également contrôler son développement, ce rosier n'atteint pas chez moi sa taille normale. Ses fleurs simples, à cinq pétales pour l'espèce botanique, sont rose pâle ; sa floraison n'est pas remontante.

Dans cet aménagement, les rosiers sont à la fois des éléments vedettes et des liens harmoniques. Au printemps, c'est la floraison des tulipes qui attire d'abord notre attention. Vient ensuite l'épanouissement des fleurs des iris des jardins et des ails décoratifs, qui marquent le début d'une avalanche de floraisons. Dès la mi-juin, notre regard s'accroche aux rosiers grimpants (lors de leur floraison), puis nous découvrons

Un magnifique rosier arbustif, le cultivar 'Robusta'.

Une vue d'ensemble de la section ouest de la cour arrière.

l'ensemble des autres associations. À la mi-juillet, notre attention est captée à la fois par la floraison du rosier 'Robusta' et par la haie de lavandes. À cette époque, les rosiers 'Morden Centennial' servent de lien harmonique bien que leur floraison demeure toujours un moment très fort dans ce tableau floral. À la fin d'août, l'intérêt se déplace vers la floraison du *Cassia hebecarpa* qui devient l'élément vedette de tout le jardin, incluant ma grande plate-bande adossée à la haie. Enfin, notre regard se déplace vers la dernière floraison des rosiers 'Morden Centennial' et 'Heritage' avant le retour des temps plus froids et de la neige qui recouvrira l'ensemble du jardin.

5. Les plantes bulbeuses printanières, le retour du printemps

La majorité des plantes bulbeuses à floraison printanière attendent avec impatience le retour du temps plus doux pour amorcer leur croissance et leur floraison. Certaines espèces très hâtives vont même percer les derniers vestiges du tapis de neige pour laisser épanouir leurs fleurs. Après des mois d'une couverture blanche qui semble éternelle, suivie du morne coloris de la terre à peine ressuyée, l'éclat des couleurs des fleurs des tulipes, des jacinthes, des narcisses et des autres plantes bulbeuses réveille la fibre sensible du jardinier, qu'il soit amateur ou professionnel. Ces végétaux sont indispensables dans un jardin.

Plusieurs amateurs redoutent le travail supplémentaire qu'impose la plantation automnale, puis, une fois la floraison printanière terminée, l'enlèvement des bulbes pour faire place aux annuelles. Or, si votre sol n'est pas trop lourd ou argileux, les plantes bulbeuses peuvent être installées de façon quasi permanente, soit en massifs dans les plates-bandes de vivaces ou d'arbustes, soit dans la pelouse. Certaines conditions sont toutefois nécessaires. Le sol de l'emplacement dévolu aux bulbes doit être bien drainé et préférablement meuble et profond. La section de la pelouse qui leur est réservée ne doit pas être tondue avant le dépérissement du feuillage, donc pas avant la mi-juin, soit plusieurs semaines après la floraison. Cette pratique permet la reconstitution des réserves des organes souterrains qui assureront la future floraison. Deux genres de bulbes sont indiqués pour cette utilisation : les crocus et les narcisses.

L'introduction des plantes bulbeuses dans une plate-bande de vivaces se fait à l'automne ; on les plante entre les plants de vivaces. Par expérience, je peux confirmer que ce choix est avantageux. La plate-bande offre alors une séquence de floraison printanière nettement différenciée de celle des plantes herbacées vivaces. Une fois les fleurs passées et enlevées, le feuillage des plantes bulbeuses est caché par celui émergeant des plantes vivaces. Les deux groupes de plantes se partagent le milieu de culture sans souffrir de cette compétition et bénéficient mutuellement de la fertilisation. Je conseille, pour ce type de plantation mixte, de nettoyer la plate-bande de vivaces à l'automne, car le printemps venu les jeunes pousses des plantes bulbeuses perceront rapidement le sol et nuiront aux travaux d'enlèvement des feuilles et tiges desséchées. Les espaces où les bulbes sont enfouis doivent être indiqués, car le travail de binage du sol doit être moins profond à ces endroits. Pour assurer la vigueur des bulbes, année après année, on doit fertiliser tôt au printemps là où s'élève le feuillage. Si le printemps est sec, il importe d'arroser abondamment pour éviter le dessèchement prématuré des fleurs. Certains bulbes, notamment les tulipes hybrides, doivent être déterrés, divisés et replantés périodiquement afin de les rajeunir et éviter leur dépérissement.

À moins de vouloir faire de la place à d'autres végétaux, il est toujours préférable de laisser les plantes bulbeuses en terre jusqu'au dessèchement naturel du feuillage. Dans le cas contraire, là où les plantes bulbeuses feront place à des plantes annuelles, on déterre les bulbes après la floraison en portant une attention particulière à cette opération pour éviter de blesser l'organe de réserve ou d'abîmer le feuillage. On rassemble les bulbes avec leur feuillage dans un endroit libre et ensoleillé, puis on creuse une tranchée pour placer les plantes en les inclinant légèrement. On peut également les mettre dans un récipient de grande taille, puis les recouvrir d'une terre légère jusqu'au collet de la tige. Il importe de poursuivre l'arrosage et la fertilisation du milieu de culture des bulbes transplantés pour nourrir les plants. Une fois le feuillage desséché, on l'enlève, puis on fait sécher les bulbes pendant plusieurs jours. Enfin, on remise les bulbes dans un endroit sec et frais en prenant soin de supprimer les bulbes mous ou pourris. Il est conseillé de les vaporiser d'un fongicide liquide ou de les saupoudrer d'un fongicide en poudre pour éviter le développement de moisissures durant l'entreposage.

Il faut mentionner que le bouton floral est formé au moment où les bulbes sont enterrés à l'automne. L'un des critères de qualité d'un bulbe est son calibre ou, si vous préférez, sa dimension. Autrement dit, plus le bulbe est gros, plus grosse sera la fleur. Les bulbes de gros calibre sont donc plus coûteux à l'achat. Il reste que l'acheteur y gagne puisque la floraison est plus intéressante. Il faut également veiller à se procurer des bulbes sains, exempts de taches farineuses, blanches, violacées, verdâtres ou noirâtres qui indiqueraient la présence d'un champignon pathogène ou de pourriture. Un bulbe mou, gluant ou qui semble creux doit être écarté.

Pour un plus grand choix, on conseille aux amateurs de planifier l'achat et la plantation de plantes bulbeuses printanières le plus tôt possible. Dès le début de septembre, la majorité des bulbes et autres organes de réserve sont disponibles dans les centres-jardins et les pépinières. Les bulbes plus rares ou les cultivars les plus intéressants sont évidemment les premiers achetés.

La majorité des plantes bulbeuses exigent un sol bien drainé ; elles croissent bien dans un sol sablonneux ou rocailleux. Les sols lourds, argileux, mal drainés peuvent entraîner la pourriture des bulbes et menacer leur durée de vie. Un apport d'engrais riche en phosphore (ex. : la poudre d'os) est recommandé au moment de la plantation, à condition que celle-ci soit effectuée très tôt, c'est-à-dire au début de septembre. Dès l'émergence des feuilles au printemps, on recommande l'apport d'un engrais équilibré pour favoriser la reconstitution des réserves et, par conséquent, de la prochaine floraison.

LA PLANTATION

La profondeur à laquelle le ou les bulbes seront plantés doit équivaloir à trois fois la hauteur de ces derniers. Par exemple, un gros bulbe de narcisse ou de jonquille de 7 à 8 cm de diamètre sera enfoui à une profondeur approximative de 15 à 20 cm. Selon ce principe, les gros bulbes de tulipes hybrides se plantent à une profondeur de 15 à 20 cm ; les narcisses et les jonquilles, de 15 à 20 cm ; les muscaris, de 7 à 8 cm ; les iris bulbeux, de 10 à 12 cm ; les petits bulbes d'ail (*Allium christophii*), à 10 cm ; les gros bulbes d'ail (*Allium aflatunense, A. giganteum* et *A. karataviense*), de 15 à 20 cm ; les érythrones (*Erythronium spp.*), de 8 à 10 cm ; les petits bulbes de fritillaire (*Fritillaria meleagris*), de 8 à 12 cm ; les gros bulbes de fritillaire (*Fritillaria imperialis*), de 20 à 25 cm ; les jacinthes (*Hyacinthus orientalis*), de 12 à 15 cm ; les crocus (*Crocus spp.*), de 5 à 8 cm.

Il faut planter ses bulbes dans le bon sens, c'est-à-dire la base ou le plateau basal dans le fond du trou de plantation et le sommet sur le dessus. Il faut porter attention à la forme générale du bulbe ou du cormus : le plateau basal se reconnaît par un plat ou une petite dépression sous le bulbe. Celle-ci peut présenter quelques radicelles desséchées. Le sommet, souvent d'aspect conique chez le bulbe de tulipe, de l'ail, de la jacinthe, du scille et de l'iris bulbeux, est moins apparent chez les muscaris et les crocus.

Description des espèces et des cultivars

Allium aflatunense
Ail ornemental

Il existe une douzaine d'espèces du genre *Allium* d'intérêt ornemental. Parmi elles, l'*Allium aflatunense* est offerte dans la majorité des pépinières et des centres-jardins. Originaire de l'Asie mineure et de l'Asie centrale, cet ail exhibe de jolies inflorescences sphériques de 12 à 15 cm de diamètre aux fleurs d'un rose légèrement violacé.
Rusticité : zone 4.
Hauteur : la hampe florale atteint généralement de 60 à 90 cm de hauteur, parfois plus.
Époque de floraison : mi-mai à mi-juin.
Exposition : une situation pleinement ensoleillée.
Sol : une terre légère et bien drainée, préférablement riche en matière organique bien qu'elle tolère un sol pauvre et sablonneux.
Culture et utilisation : une espèce de culture facile méritant une large utilisation compte tenu du faible coût de son bulbe. La plantation s'effectue à l'automne à une profondeur de 12 à 15 cm. On peut laisser les hampes florales après le dessèchement des fleurs, car celles-ci restent décoratives. Pour un effet décoratif, il vaut mieux grouper un certain nombre de bulbes dans une composition florale et répéter ces massifs. Le feuillage disparaît à la fin de juillet (distance de plantation : 20 cm). À cultiver en abondance pour le jardin et comme fleur à couper.
Cultivar disponible : le 'Purple Sensation' produit des fleurs d'un rose violacé très foncé.

Allium christophii
Ail de Christophe

Cette espèce, également connue sous le nom scientifique d'*Allium albopilosum*, arbore la plus jolie inflorescence du genre. L'ombelle globulaire, de 10 à 15 cm de diamètre, se compose d'environ 80 fleurs étoilées d'un rose lilas au reflet métallique. Cet ail n'est pas considéré comme une espèce printanière, car il fleurit à la fin de juin.
Rusticité : zone 4.
Hauteur : la hampe florale mesure de 30 à 40 cm.
Époque de floraison : de la mi-juin à la mi-juillet.
Exposition : une situation pleinement ensoleillée ou très légèrement ombragée.
Sol : une terre légère, sablonneuse ou rocailleuse.
Culture et utilisation : il faut se procurer les bulbes tôt à l'automne, car il sont rarement abondants. Une fertilisation printanière est recommandée à l'émergence du

feuillage. En isolé ou en massif, cette espèce marque un accent intéressant dans une plate-bande (distance de plantation : 20 cm). L'inflorescence même desséchée compose d'intéressants bouquets floraux.

Allium karataviense
Ail décoratif

Originaire du Turkestan, cette espèce nettement printanière se distingue par ses larges feuilles d'un bleu grisâtre particulièrement décoratives. Celles-ci s'étalent au sol sur 20 à 25 cm de longueur et disparaissent quelques semaines après le flétrissement de l'inflorescence. Les fleurs blanc grisâtre sont réunies dans un bouquet arrondi assez dense.

Rusticité : zone 5.

Hauteur : la hampe florale s'élève sur 10 à 20 cm au-dessus du feuillage.

Époque de floraison : mi-mai.

Exposition : une situation pleinement ensoleillée.

Sol : une terre légère au drainage parfait.

Culture et utilisation : une espèce à utiliser dans une plate-bande ou une rocaille en massif comptant de 5 à 7 plants. Le feuillage disparaissant au milieu de l'été, on peut l'implanter à proximité d'espèces qui fleurissent à la fin de l'été ou à l'automne (distance de plantation : 25 cm). Il ne faut pas l'introduire en bordure d'une plate-bande, car la disparition de son feuillage créera un vide devant votre composition.

Anemone blanda
Anémone de Grèce

Originaire des sous-bois d'Asie mineure, cette anémone de petite taille exhibe des petits capitules, de 3 à 4 cm de diamètre, aux coloris variés allant du blanc au rose et au bleu (selon les cultivars) qui s'épanouissent tôt au printemps. Les petits tubercules sont plantés à une profondeur de 5 à 7 cm au début de l'automne. Comme la rusticité de cette espèce est aléatoire dans le sud-ouest du Québec, il faut prévoir une bonne couche de feuilles et de neige.

Rusticité : zone 5b.

Hauteur : le feuillage et les inflorescences atteignent 8 à 10 cm de hauteur.

Époque de floraison : dès le début de mai et se prolonge jusqu'à la mi-juin.

Exposition : une situation partiellement ensoleillée ou légèrement ombragée.

Sol : une terre riche en humus, fraîche et bien drainée. Elle ne tolère pas les sols saturés d'eau.

Culture et utilisation : les petits tubercules se plantent préférablement l'automne à une profondeur de 5 à 7 cm. Certains amateurs préfèrent les traiter comme des plantes bulbeuses non rustiques et les conserver au frais et dans l'obscurité pendant la saison froide puis les planter très tôt au printemps. La floraison est alors retardée de quelques semaines. Il s'agit d'une plante intéressante pour une bordure mixte associée aux autres vivaces ou dans une rocaille, mais cette

anémone convient mieux à une naturalisation dans un bois clair où une lumière abondante atteint les plants à la feuillaison. Dans de bonnes conditions de culture, cette espèce forme un couvre-sol florifère au printemps (distance de plantation : de 7 à 10 cm). Il faut marquer l'emplacement des massifs pour éviter de bouleverser les plantations par des binages inopportuns.
Cultivars disponibles : 'Atrocaerulea', capitules bleu foncé ; 'Blue Shades', bleu violacé ; 'Pink Star', rose ; 'Radar', rouge carmin ; 'White Splendor', blanc.

Crocus chrysanthus
Crocus botanique

Le genre *Crocus* comprend plusieurs espèces dont cinq sont cultivées sur une plus grande échelle dans nos jardins. Outre ces espèces, ce genre offre un grand nombre de cultivars intéressants pour la naturalisation dans une pelouse ou une rocaille et en bordure d'une plate-bande. Pour plusieurs amateurs, ce sont les crocus qui annoncent le printemps puisqu'ils émergent de la neige. Il faut également souligner qu'il existe des crocus fleurissant à l'automne, les *Crocus sativus* et *C. speciosus*, qui sont souvent offerts en même temps que les *cormus* des espèces printanières. On les reconnaît assez facilement, car de leur « bulbe » émerge une inflorescence prête à s'épanouir. Le feuillage de toutes ces espèces est filiforme. Les fleurs, de coloris variables selon les espèces et les cultivars, forment un calice ouvert exhibant des stigmates d'un jaune vif.
Rusticité : zone 3.
Hauteur : de 8 à 15 cm selon les espèces et les cultivars.
Époque de floraison : tôt au printemps dès la fonte des neiges.
Exposition : une situation ensoleillée ou partiellement ensoleillée.
Sol : une terre bien drainée, les crocus redoutent l'humidité stagnante.
Culture et utilisation : on plante les « bulbes » à une profondeur de 5 à 8 cm à l'automne dans un sol bien drainé. Un massif sous une pelouse sied bien à ces petites plantes bulbeuses, elles garnissent également fort bien les bords des plates-bandes ou les rocailles (distance de plantation : 5 à 7 cm). La floraison des crocus n'est intéressante que si les fleurs éclosent en massifs compacts.
Cultivars disponibles : les cultivars offerts

sur le marché sont issus des espèces *Crocus ancyrensis, C. biflorus, C. chrysanthus, C. tommasinianus* et *C. vernus*. Outre les mélanges préemballés de crocus, il est facile de se procurer les cultivars suivants : 'Advance', tépales jaunes et violets ; 'Cream Beauty', jaune crème ; 'Ruby Giant', violets ; 'Princess Bearis', blanc rosé.

Erythronium spp.
Érythrones

Les érythrones introduites dans les jardins (*Erythronium dens-canis, E. revolutum* et *E. tuolumnense*) sont des plantes bulbeuses d'un grand intérêt, qui nous rappellent notre espèce indigène (*Erythronium americanum*). Celle-ci tapisse de larges espaces dans nos érablières du Québec mais elle est rarement offerte dans les centres-jardins. Il est donc plus facile de se procurer les érythrones horticoles qui sont également plus intéressants. Dans un sous-bois, leur feuillage et leurs fleurs pendantes jaunes ou blanc crème, rappelant les fleurs de certains lis en miniature, s'associent bien à la majorité des autres plantes.

Rusticité : zones 4 et 5 selon les espèces.

Hauteur : de 15 à 30 cm, selon les espèces et les cultivars.

Époque de floraison : du début de mai au début de juin.

Exposition : une situation ensoleillée ou partiellement ensoleillée tôt au printemps puis légèrement à mi-ombragée ensuite.

Sol : une terre meuble, bien drainée et profonde.

Culture et utilisation : toutes les espèces et les cultivars exigent un sol riche en humus, frais, profond et au pH acide. C'est une plante de sous-bois qui ne tolère le plein soleil qu'au début de sa croissance. Une lumière vive en début de saison favorise la croissance de cette plante ; à la feuillaison des arbres et des grands arbustes, les érythrones ne craignent nullement une situation mi-ombragée. On plante les bulbes, à l'automne, assez profondément, soit à une profondeur de 12 à 20 cm. Ils peuvent mettre de deux à trois ans à fleurir mais leur feuillage émergera dès le printemps suivant (distance de plantation : 20 à 25 cm). Les érythrones conviennent parfaitement à une naturalisation dans un sous-bois ou à une plate bande ombragée par de grands arbres. L'effet ornemental est suscité par un massif comptant un certain nombre de spécimens.

Cultivars disponibles : trois cultivars sont conseillés : 'Kondo', fleurs blanc crème ou jaunâtres et feuillage marbré de bronze ; 'Pagoda', fleurs jaune vif et feuillage vert ; 'White Beauty', fleurs blanches et feuillage marbré d'argent. (photo)

Fritillaria imperialis
Fritillaire impériale

Originaire de l'Himalaya, cette magnifique plante bulbeuse, connue également sous le nom de couronne impériale, fait l'orgueil d'un grand nombre d'amateurs. Sa hampe florale s'élève sur 80 à 90 cm de hauteur et produit une couronne de fleurs en forme de clochette orange surmontée d'une touffe de feuilles. Le bulbe et le feuillage de cette plante dégagent une odeur caractéristique qui rappelle celle du musc de la mouffette.

Rusticité : zone 5.

Hauteur : la hampe florale atteint 80 à 90 cm.

Époque de floraison : tôt au printemps, dès le début ou à la mi-mai.

Exposition : une situation ensoleillée ou légèrement ombragée.

Sol : une terre meuble, bien drainée et profonde.

Culture et utilisation : le gros bulbe de la couronne impériale doit être planté à une

Fritillaria imperialis

profondeur de 20 à 25 cm. Dans un sol lourd et mal drainé, le bulbe pourrit rapidement. Solitaire ou en groupe de trois à cinq spécimens, cette plante bulbeuse ressort dans une plate-bande (distance de plantation : 35 à 45 cm). Le feuillage disparaît durant la période estivale. Bien choisir son bulbe et écarter sans hésiter les bulbes mous ou tachés de moisissures.
Cultivars disponibles : 'Aureomarginata' exhibe un feuillage panaché ; 'Lutea' porte des fleurs jaune vif ; 'Lutea Maxima' présente de plus grosses fleurs jaunes ; 'Prolifera' (syn. 'Crown on Crown'), un cultivar encore rare qui laisse voir une couronne de deux rangées de fleurs rouge orangé.

Fritillaria meleagris
Fritillaire pintade

Beaucoup moins connue et plus discrète que la couronne impériale, la fritillaire pintade convient bien à une naturalisation dans une prairie en friche. Chaque plant de cette espèce porte une ou deux fleurs globuleuses pendantes aux coloris brun rougeâtre et blanc disposés en damier, ou uniquement blanches dans le cas du cultivar 'Alba'. Les emballages de fritillaire pintade contiennent indifféremment les deux colorations.
Rustique : zone 3b.
Hauteur : la hampe florale atteint de 25 à 30 cm, rarement plus.
Époque de floraison : tôt au printemps, dès le début ou à la mi-mai.
Exposition : une exposition ensoleillée ou mi-ombragée.
Sol : une terre meuble, fraîche et bien drainée.
Culture et utilisation : la fritillaire pintade exige un sol frais et s'accommode d'une certaine humidité passagère. Sa croissance est affectée par un sol sablonneux au drainage excessif. Les bulbes sont plantés à l'automne à une profondeur de 8 à 10 cm. C'est en massif que cette espèce donne son potentiel ornemental. Elle tolère assez bien la compétition avec le feutre racinaire des grands arbustes. Le feuillage disparaît durant la période estivale, il importe donc d'identifier les endroits où les bulbes sont plantés (distance de plantation : 12 à 15 cm).

Hyacinthus orientalis
Jacinthe

L'espèce botanique est peu utilisée mais les nombreux cultivars qui en sont issus sont très appréciés par les jardiniers. Les grappes de fleurs, aux couleurs variées selon les cultivars, dégagent un parfum pénétrant. Les jacinthes se naturalisent parfaitement dans une pelouse ; cela donne un effet spectaculaire qui attire immanquablement l'attention des passants.
Rusticité : zone 4b.
Hauteur : l'inflorescence mesure de 25 à 30 cm.

Époque de floraison : de la mi-mai au début de juin.
Exposition : un emplacement ensoleillé à mi-ombragé.
Sol : une terre meuble, riche en humus, au pH neutre et bien drainée.
Culture et utilisation : on plante les bulbes en septembre ou en octobre à une profondeur de 13 à 15 cm. Plus le bulbe est gros, plus massive sera l'inflorescence. Pour une plantation durable, une fertilisation annuelle, dès l'émergence du feuillage, est conseillée à la dose de 50 à 60 g/m^2. En bordure d'une plate-bande, en association à l'intérieur d'une composition ou bien encore en bandes dans un sous-bois, les jacinthes font des merveilles. C'est également une excellente plante pour la culture en pot. Pour favoriser la pérennité des jacinthes, il faut se départir rapidement de l'inflorescence passée. Il faut noter que plusieurs cultivars modernes s'épuisent après 2 ou 3 ans de floraison (distance de plantation : 10 à 15 cm). Pour un meilleur effet, on plante des massifs ou des groupements de plusieurs bulbes d'une même couleur et on évite un mélange de coloris.
Cultivars disponibles : un grand nombre de cultivars sont disponibles. Parmi ceux-ci nous vous suggérons les suivants : 'Amethyst', fleurs mauve violacé ; 'Amsterdam', fleurs rose foncé ; 'City of Haarlem', jaune clair ; 'Delft Blue', bleu clair ; 'Jan Bos', rouge cerise ; 'Hollyhock', fleurs doubles, rose fuchsia ; 'L'innocence', blanc ; 'Orange Boven', orange saumoné ; 'Violet Pearl', lilas.

Iris reticulata
Iris bulbeux

On trouve dans les centres-jardins un certain nombre d'espèces et de cultivars d'iris bulbeux rustiques dans le sud-ouest du Québec. Outre les *Iris danfordiae* et *Iris histroides*, on peut acheter des petits bulbes de cultivars d'*Iris reticulata*. Cette dernière espèce est intéressante pour la création de petits massifs dans une plate-bande ou dans une rocaille. Dès la fonte des neiges, cet iris émerge du sol et exhibe une fleur très typique presque au ras du sol.
Rusticité : zone 5.
Hauteur : la fleur s'épanouit sur une tige de 10 à 15 cm.

Époque de floraison : tôt au printemps, dès le début de mai.
Exposition : une situation ensoleillée.
Sol : une terre bien drainée, meuble et de préférence sablonneuse.
Culture et utilisation : les petits bulbes sont plantés à l'automne à une profondeur de 5 à 8 cm. On conseille de les planter par groupes de 8 à 15 spécimens en bordure des plates-bandes ou dans les rocailles (distance de plantation : 8 à 10 cm).
Cultivars disponibles : 'Cantab', pétales bleu pâle avec segments inférieurs marqués d'orange ; 'J.S. Dijt', pétales mauves avec de subtiles marques jaunes ; 'Harmony', un cultivar prisé, bleu violacé avec segments inférieurs marqués de jaune ; 'Joyce', bleu ciel marqué de jaune ; 'Pauline', rose violacé tacheté de blanc.

Muscari armeniacum
Muscari d'Arménie

Les muscaris sont de petites plantes bulbeuses très florifères. Plusieurs espèces sont disponibles ; outre le *Muscari armeniacum*, les amateurs intéressés pourront également se procurer les espèces suivantes : *Muscari botryoides* et *M. comosum*. Le muscari d'Arménie produit une grappe serrée de petites fleurs bleues à bleu violacé. Les muscaris s'étendent par semis spontané ou par bulbilles sur les emplacements ensoleillés ou mi-ombragés qui ne sont pas bouleversés par des binages.

Rusticité : zone 4.
Hauteur : la grappe s'élève sur 10 à 15 cm.
Époque de floraison : tôt au printemps, dès le début de mai.
Exposition : une situation ensoleillée ou mi-ombragée.
Sol : une terre bien drainée.
Culture et utilisation : on plante à l'automne à une profondeur de 0 cm. Si les plants se reproduisent rapidement, on procède à leur division au moment où le feuillage jaunit. On les repique immédiatement ou on les conserve dans un endroit sec et frais. On les utilise en bordure d'une plate-bande ou dans une rocaille. Ils conviennent également à une naturalisation dans un sous-bois clair (distance de plantation : de 6 à 8 cm). Les muscaris n'offrent d'intérêt que s'ils sont plantés en groupements denses et compacts.
Cultivars disponibles : le cultivar 'Blue Spike' exhibe des fleurs doubles groupées densément sur l'inflorescence ; le *Muscari botryoides* f. *album* présente des fleurs blanches ; le muscari chevelu (*M. comosum* 'Monstruosum') arbore des fleurs pourpres aux pétales filamenteux d'aspect mousseux. La floraison de ce dernier cultivar est plus tardive.

Narcissus spp.
Narcisses et jonquilles

Les narcisses sont très populaires et un grand nombre d'amateurs font une distinction entre les jonquilles et les narcisses, mais botaniquement parlant, c'est une erreur. Les jonquilles sont en fait des narcisses à pétales et à trompette jaunes. On trouve plus d'une dizaine d'espèces et un grand nombre de cultivars dans les catalogues des firmes spécialisées et dans les centres-jardins et pépinières. Une étude attentive des fleurs de ces plantes bulbeuses nous révèle les caractéristiques propres au genre, soit une corolle ou un périanthe formé de six segments, improprement appelés pétales, qui peuvent être dressés, étalés ou réfléchis, et, au centre, une coronule tubulaire qui a l'aspect d'une couronne, d'une coupe ou d'une trompette plus ou moins prononcée. Parmi les espèces et les cultivars offerts, il y a des narcisses à hampe uniflore (une fleur unique) à fleurs simples ou doubles, et des narcisses pluriflores (de 2 à 12 fleurs) à fleurs simples ou doubles. Le coloris des fleurs va du jaune au blanc avec des coronules allant du jaune au blanc, bordées ou non d'orange ou d'abricot, ou encore entièrement orange ou abricot. Une des caractéristiques les plus intéressantes : le bulbe est ignoré de la majorité des rongeurs. Les plantations ne seront pas déterrées par les écureuils et les fleurs ne seront pas consommées par les chevreuils.
Rusticité : zone 3b.
Hauteur : la tige florale varie en hauteur selon les espèces et les cultivars de 20 à 40 cm.
Époque de floraison : du début à la fin de

Narcissus 'Professor Finstein'

mai ; la fleur dure environ 15 jours pour autant que la plante bénéficie d'une certaine fraîcheur du sol.

Exposition : une situation ensoleillée ou mi-ombragée.

Sol: une terre profonde, bien drainée et préférablement fraîche.

Culture et utilisation: les narcisses, en plantation dense d'un ou de plusieurs cultivars, se prêtent bien à la confection de massifs formels, dans une plate-bande mixte, ou plus naturels devant des arbustes ou au pied d'un arbre. Ils peuvent être installés dans une pelouse au sol profond à condition qu'on ne la tonde pas (là où les bulbes sont introduits) avant le milieu ou la fin de juin afin de permettre au feuillage de capter toute l'énergie nécessaire aux réserves du bulbe après la floraison. Les bulbes de narcisses, tant les espèces que les hybrides modernes, ne doivent pas nécessairement être déterrés après la floraison. Bien enracinés dans leur aire de plantation, fertilisés abondamment au moment de la floraison, ils peuvent refleurir et se multiplier pendant plusieurs années. Selon les espèces et les hybrides modernes, les bulbes sont plantés à une profondeur variant entre 15 et 20 cm (distance de plantation : 12 à 15 cm). Pour un effet intéressant, on place les jonquilles et les narcisses en groupements denses.

Espèces et cultivars disponibles : les narcisses sont classés en onze groupes selon certaines caractéristiques de la fleur, la forme et la coloration du périanthe : les narcisses trompettes, les narcisses à large coronule, les narcisses à petite coronule, les narcisses à fleur double, les narcisses hybrides *Triandus*, les narcisses hybrides *Cyclamineus*, les jonquilles, les narcisses hybrides *Tazetta*, les narcisses hybrides *Poeticus*, les espèces botaniques ou hybrides proches des espèces botaniques et les narcisses à fleurs de papillon et autres narcisses. Les cultivars les plus populaires sont : (**narcisses trompettes**) 'Dutch Master', jaune vif ; 'Golden Harvest', jaune vif ; 'King Alfred', jaune canari ; 'Mount Hood', blanc ivoire ; 'Unsurpassable', segments jaunes, large trompette jaune vif ; (**narcisses à large coronule**) 'Flower Record', segments blancs et coronule jaune et orange ; 'Ice Follies', segments blancs et coronule jaune ; 'Peaches and Cream', segments ivoire et coronule rose pêche ; 'Professor Einstein' (photo),

Narcissus 'Flower Drift'

Tulipa 'Marietta'

segments blanc ivoire et coronule orange ; (**narcisses à petite coronule**) 'Barret Browning', segments blanc pur et coronule orange ; (**narcisses à fleur double**) 'Flower Drift' , segments blancs et coupe orange, jaune et blanc ; 'Irene Copland', nombreux segments d'un blanc ivoire ; (**narcisses hybrides *Triandus***) 'Hawera', segments récurvés jaune moyen ; 'Thalia' , segments récurvés blanc pur ; (**narcisses hybrides *Cyclamineus***) 'February Silver', segments blancs et trompette jaune ; 'Peeping Tom', segments et coronule jaune vif ; (**jonquilles**) 'Quail', jaune vif ; 'Trevithian', jaune citron ; (**narcisses hybrides *Tazetta***) 'Cheerfulness', fleurs doubles blanc crème ; 'Geranium', segments blancs et coupe orange ; 'Paperwhite', nombreuses fleurs blanches, cultivar recommandé pour la culture en pot ; (**narcisses hybrides *Poeticus***) 'Pheasant's Eye', segments blanc pur et coupe blanc verdâtre bordée de rouge ; (**espèces botaniques**) *Narcissus bulbocodium, N. canaliculatus, N. cyclamineus* et *N. pseudo-narcissus.*

Tulipa spp.
Tulipes

Les tulipes ont la faveur de la plupart des amateurs. Le genre compte plus 100 espèces différentes. Dans les centres-jardins et les pépinières, on trouve quelques espèces intéressantes pour la naturalisation dans un sous-bois clair ou une rocaille : *Tulipa acuminata, T. clusiana, T. eichleri, T. fosteriana, T. gesneriana, T. greigii, T. humilis, T. kaufmanniana* et *T. praestans*. Ces espèces et les variétés ou cultivars issus de celles-ci ont la particularité de prospérer et de se multiplier sur le lieu d'introduction pourvu que les bulbes bénéficient d'une fertilisation annuelle. Outre ces espèces, les marchands offrent un très grand nombre de cultivars. Ceux-ci sont classés selon la date de la floraison, la forme de la fleur et l'origine des hybrides. On recense au moins une quinzaine de groupes de tulipes hybrides. La

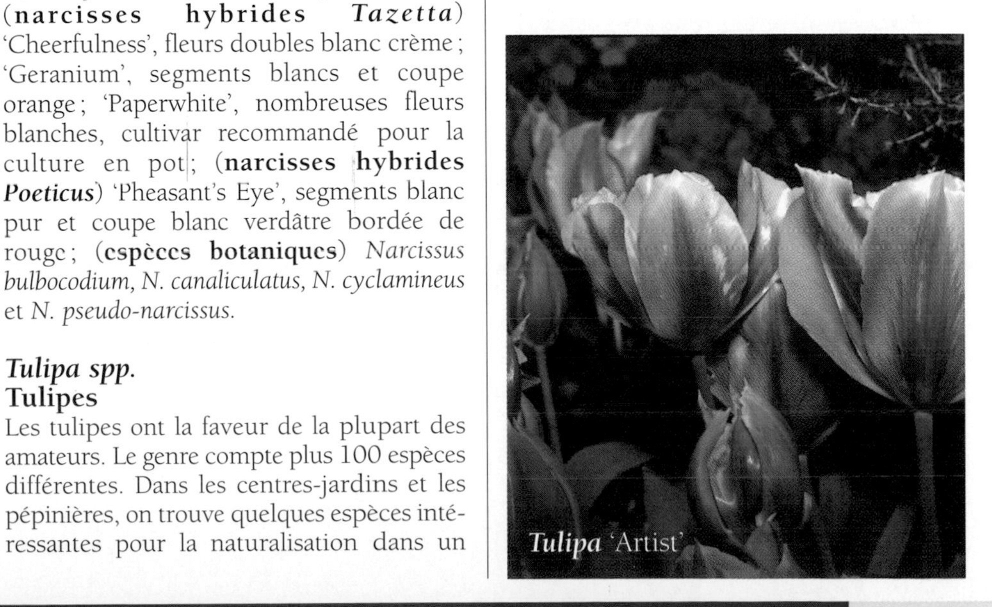
Tulipa 'Artist'

Tulipa 'Angelique'

liste des cultivars offerts étant importante, nous suggérons aux amateurs avertis de feuilleter attentivement les catalogues spécialisés avant d'arrêter leur choix.

Rusticité : zone 4.

Hauteur : la tige florale atteint de 20 à 55 cm selon les espèces et les cultivars.

Époque de floraison : du début à la mi-mai pour les espèces et les cultivars les plus hâtifs et du début à la mi-juin pour les espèces et les cultivars les plus tardifs.

Exposition : la plupart des hybrides exigent le plein soleil, alors que certaines espèces s'accommodent d'une situation légèrement ombragée.

Sol : une terre légère, préférablement sablonneuse et bien drainée.

Culture et utilisation : les tulipes ont leur place autant dans les massifs qu'en bordure des plates-bandes, en naturalisation et dans une rocaille. La profondeur de plantation varie selon les espèces et les cultivars : de 8 à 12 cm de profondeur pour les plus petits bulbes et de 15 à 20 cm pour les plus gros. Tous les bulbes doivent être mis en terre en septembre ou au début d'octobre (distance de plantation : 10 à 15 cm). La fertilisation est importante si on conserve les bulbes plus d'une année. Dans une plate-bande de vivaces, le myosotis accompagne bien les fleurs des tulipes.

Cultivars disponibles : voici une sélection des cultivars les plus populaires selon les grands groupes : (**tulipes simples hâtives**) 'Apricot Beauty', tépales rose pêche ; 'Christmas Marvel', rose foncé ; 'Général de Wet', orange ; (**tulipes doubles hâtives**) 'Carlton', rouge vif ; 'Monte Carlo', jaune vif ; 'Peach Blossom', rose moyen ; (**tulipes Triomphe**) 'Attila', rose violacé ; 'Cassini', rouges ; 'Negritta', rouge pourpre ; (**tulipes hybrides de Darwin**) 'Apeldoorn's Elite', tépales rouges avec bordure jaune ; 'Elizabeth Arden', roses ; 'Holland's Glory', rouge pâle ; 'Parade', rouges ; 'President Kennedy', jaunes ; (**tulipes à fleur de lis**) 'Ballade', rose foncé bordé de rose pâle ; 'Burgundy', bourgogne ; 'Marietta', rose foncé satiné ; 'West Point', jaunes ; (**tulipes simples tardives**) 'Aristocrat', tépales lavande ; 'Bleu Aimable', rose violacé ; 'Golden Harvest', jaune profond ; 'Greuze', pourpre violet foncé ; 'Queen of Night', violet très foncé ; (**tulipes de type Bouquet**) 'Orange Bouquet', tépales orange à base jaune ; 'Toronto', rouge orangé ; 'White Bouquet', blancs ; (**tulipes Perroquet**) 'Estella Rijnveld', tépales rouge et blanc ; (**tulipes doubles tardives ou à fleur de pivoine**) 'Angelique', rose moyen à rose pâle ; 'Gold Medal', jaunes ; 'May Wonder', rouges ; 'Mount Tacoma', blancs ; (**tulipes frangées**) 'Blue Heron', lilas ; 'Fringed Apeldoorn', rouges ; (**tulipes viridiflora**) 'Artist', tépales orange et vert ; 'Esperanto', rouge et vert ; 'Pimpernel', rouge et vert ; (**tulipes dérivées de *T. kaufmanniana***) 'Heart's Delight', rouge et rose ; 'Scarlet Baby', rouge intense ; (**tulipes dérivées de *T. fosteriana***) 'Orange Emperor', tépales orange ; 'Red Emperor', rouges ; 'White Emperor', blancs ; (**tulipes dérivées de *T. greigii***) 'Gold West', jaune profond avec une ligne au centre des tépales ; 'Red Riding Hood', rouge vif sur un court pédoncule floral.

6. Pour une floraison continue, les annuelles

La majorité des annuelles offrent une abondante floraison dès leur mise en terre. Ces plantes, dont le cycle de vie (de la germination de la graine à la floraison puis à la production de semences) s'effectue en moins de douze mois, créent des tableaux floraux d'une richesse incomparable. Si les immenses plates-bandes ou les grands massifs composés exclusivement de plantes annuelles sont plus fréquents dans les grands jardins publics, leur intérêt ornemental les convie à la plupart de nos jardins privés. En bordure des plates-bandes ou des allées, en association avec des vivaces ou des arbustes ou simplement pour occuper l'espace disponible entre de jeunes plantations, les annuelles ajoutent de la couleur aux aménagements.

Parce qu'elles dépérissent au début de l'automne, les annuelles ne peuvent servir d'éléments de base dans un aménagement ; par contre, elles ne doivent pas être confinées à un rôle de finition. Ces plantes ornementales judicieusement utilisées produisent des effets surprenants. Un de leurs principaux intérêts réside dans le fait que les plates-bandes d'annuelles ou les annuelles cultivées en contenants (pots, paniers suspendus, jardinières ou balconnières) embellissent l'environnement sans nécessiter une infrastructure permanente coûteuse.

Les annuelles peuvent accompagner

Les annuelles et les vivaces

Dans certaines plates-bandes composées de vivaces, l'ajout de petits groupements de plantes annuelles permet de soutenir l'intérêt de la composition. Certaines règles facilitent les associations harmonieuses entre les vivaces et les annuelles introduites ; dans un premier temps, l'amateur doit sélectionner des annuelles pouvant croître et prospérer dans les mêmes conditions de culture que ses hôtes : type de sol, drainage et luminosité. La tolérance à la compétition est rarement un facteur à considérer, car les portions de la plate-bande dévolues aux annuelles peuvent préalablement faire l'objet d'un binage profond (pour sectionner les racines des vivaces) et d'un amendement complet avec du compost et des engrais.

Ensuite, il importe de respecter l'idée générale qui a conduit à la planification de votre plate-bande ; si la majorité des plantes annuelles peuvent se combiner, dans un contexte précis, à l'ensemble des vivaces, certaines associations sont discutables sur le plan esthétique. La plupart des plantes annuelles se caractérisent par une floraison abondante et continue ; une fois introduites dans une plate-bande de vivaces, leur présence trop abondante risque de masquer leurs hôtes. On recommande donc une certaine retenue. Il faut éviter de sélectionner un trop grand nombre d'espèces aux coloris variés. Les espèces proches de certaines vivaces comme le phlox de Drummond (*Phlox drummondii*), les rudbeckies (*Rudbeckia hirta*), l'héliotrope arborescent ((*Heliotropium arborescens*) et la sauge tricolore (*Salvia horminum*) constituent des choix intéressants.

UN PIÈGE POUR LES PERCE-OREILLES

Les forficules ou perce-oreilles sont des insectes assez courants dans le sud-ouest du Québec. Ils se distinguent facilement par un corps allongé et un abdomen se terminant par une paire de pinces cornées. Ces insectes semblent avoir une prédilection pour le feuillage et les fleurs des dahlias.
Un piège simple permet de contrôler la prolifération de ces ravageurs. Un pot de matière plastique avec couvercle dans lequel on découpe au sommet des ouvertures (près du rebord) d'environ 1 cm de diamètre. On ajoute de l'huile végétale usagée et quelques gouttes de sauce soya (cela attire les perce-oreilles) et on referme le pot. Le piège est ensuite caché près des plantes ravagées par cet insecte. De temps à autre, on jette les forficules noyés dans l'huile et on rajoute de l'huile et de la sauce soya.

pendant quelques saisons les nouvelles plantations d'arbustes pour remplir les espaces non encore occupés par les rameaux et les branches des jeunes plants. Elles s'intègrent bien aux plates-bandes composées de vivaces pour soutenir la brièveté de certaines floraisons.

Parce que leur floraison est abondante, l'utilisation des annuelles amène toujours une grande « générosité » à l'aménagement ou à la composition. Les coloris de la majorité de ces plantes sont également parti-

Piège à perce-oreilles

culièrement soutenus et vibrants. Cela impose une approche esthétique différente et plus réfléchie. J'ai toujours pensé que l'introduction d'annuelles dans une composition florale nécessite une grande retenue quant au choix des coloris et de la diversité des espèces ou des cultivars. Il est erroné de penser que les annuelles peuvent aller n'importe où dans un aménagement. Certaines règles fondamentales s'imposent pour obtenir des résultats satisfaisants.

Hormis quelques rares exceptions (par exemple, un seul plant de ricin *[Ricinus communis]*, à cause de ses dimensions et de son feuillage, apporte un fort accent dans une plate-bande), la majorité des plantes annuelles n'acquièrent une personnalité propre que dans un ensemble comptant un certain nombre de plants. Une composition d'annuelles qui se veut harmonieuse doit être également sobre et équilibrée. Trop de variétés ou de couleurs différentes donnent une impression de désordre ou une composition criarde. Un plant ou une fleur ne doit pas nécessairement faire contrepoids à une autre. Ainsi l'alignement d'une fleur rouge, d'une fleur jaune puis d'une fleur blanche, repris au long de la plate-bande, donne rarement des résultats intéressants. À l'instar des principes d'aménagement déjà énoncés dans les chapitres précédents, l'ensemble des plantations d'annuelles doit exprimer l'équilibre des masses, des textures et des couleurs. Parce que la floraison de la majorité des annuelles est continue, il vaut mieux varier un ou deux éléments seulement à la fois (masse ou couleur, texture ou couleur, etc.).

Ricinus communis

Cosmos bipinnatus

UNE PLATE-BANDE NATURELLE

Un nombre croissant d'amateurs s'intéresse au principe du jardin naturel. Les annuelles se prêtent bien à l'aménagement de ces plates-bandes spontanées. Depuis quelques années, des préparations de semences sont offertes dans la plupart des centres-jardins. Les sachets ou les contenants contiennent des graines d'espèces à croissance rapide telles que l'*Amni majus*, la bourrache (*Borago officinalis*), le souci des jardins (*Calendula officinalis*), la centaurée annuelle (*Centaurea cyanus*), les coréopsis (*Coreopsis grandiflora* et *C. tinctoria*), les cosmos (*Cosmos bipinnatus* et *C. sulphureus*), le pavot de Californie (*Eschscholzia californica*), la gypsophile annuelle (*Gypsophila elegans*), l'ibéride annuelle (*Iberis umbellata*), la grande balsamine (*Impatiens glandulifera*), la lavatère annuelle (*Lavatera trimestris*), le lin rouge (*Linum grandiflorum*), l'alysse odorante (*Lobularia maritima*), la nigelle de Damas (*Nigella damascena*), le coquelicot (*Papaver rhoeas*), la persicaire orientale (*Persicaria orientale*), la rudbeckie annuelle (*Rudebeckia hirta*), la sauge tricolore (*Salvia horminum*) et le silène (*Silene armeria*).

Pour réussir ce type d'aménagement, il faut que les semences de fleurs annuelles introduites dans une plate-bande naturelle puissent croître et fleurir rapidement tout en « étouffant » les herbes vivaces ou annuelles adventives. Malheureusement, il ne suffit pas de préparer la surface, puis de semer les mélanges préparés, car la croissance des mauvaises herbes vivaces et annuelles ne tarde pas à dépasser celle des jeunes plantules désirées. Il est préférable de préparer la plate-bande à semer l'année précédente en enlevant d'abord la tourbe, puis en retournant et en amendant le sol existant pour que celui-ci soit meuble et fertile. On laisse cette surface à nu pendant quelques

semaines, puis on stérilise avec un herbicide total. Au besoin, on répète le traitement au début ou à la mi-septembre pour s'assurer d'un sol totalement exempt de mauvaises herbes vivaces et annuelles. On recouvre l'emplacement préparé d'une toile opaque. Dès la fonte des neiges, au printemps suivant, on enlève la toile, on bine la surface dès que le risque d'un fort gel est écarté, puis on sème le mélange. Il importe de fertiliser et d'arroser régulièrement pour assurer une croissance rapide des jeunes plantules. Ce travail donne des résultats assez étonnants qui feront l'envie de bien des voisins.

Si l'emploi d'un herbicide vous indispose, il faut vous assurer de retourner plusieurs fois la terre de la surface à aménager en enlevant les rhizomes de chiendent et les autres mauvaises herbes vivaces avant de procéder aux semis. Pour bonifier cette plate-bande naturelle, on peut également introduire ici et là dans la plate-bande quelques plants d'annuelles bien développés .

Description des espèces et des cultivars

Ageratum houstonianum
Agérate

Originaire du Mexique, l'agérate est une plante de petite taille portant des bouquets serrés de fleurs bleues, bleu rosé ou blanches. Elle offre une longue période de floraison.
Rusticité : annuelle tendre qui dépérit après une gelée.
Hauteur : de 15 à 50 cm selon les espèces et les cultivars.
Exposition : soleil ou très légèrement ombragée.
Sol : une terre riche, bien drainée et toujours fraîche.
Culture et utilisation : une plante facile pour autant que l'on maintienne le sol frais, car elle redoute les périodes de sécheresse. Une fertilisation régulière favorise le maintien d'une abondante floraison. Elle convient à la confection de petits massifs ou de bordures (distance de plantation : 15 à 25 cm) et à la culture en pots. Un apport d'eau régulier est requis.
Cultivars disponibles : 'Adriatic', plant à floraison hâtive, capitules bleu moyen, 15 à 20 cm de hauteur; 'Bavaria', capitules bleus et blancs, 25 cm de hauteur; 'Blue Blazer', bleu foncé, 15 à 20 cm de hauteur; 'Blue Danube', bleu lavande, 15 à 20 cm de hauteur; 'Pink Popette' (photo), nouveau cultivar aux capitules rose pâle et rose moyen, 15 cm de hauteur; 'White Hawaii', capitules blancs, 15 cm de hauteur.

Amaranthus tricolor
Amarante crête-de-coq

Cette amarante est appréciée pour les coloris de son feuillage. Selon les cultivars, cette plante dressée et touffue exhibe des feuilles pourpres, écarlates, bronze ou bicolores (jaune et rouge).
Rusticité : une annuelle tendre dépérissant dès la première gelée.
Hauteur : de 30 cm à 1,50 m selon les cultivars.
Exposition : une situation pleinement ensoleillée.
Sol : cette espèce préfère un sol profond, riche en humus et bien drainé.
Culture et utilisation : cette amarante au feuillage décoratif ressort dans une plate-bande si elle est associée à d'autres annuelles plus basses. Il faut éviter d'introduire cette

plante en grand nombre, car cela banaliserait l'effet décoratif (distance de plantation : 35 à 60 cm). Une fertilisation régulière assure une bonne croissance des plants.
Cultivars disponibles : 'Flamingo Fountains', feuillage carmin, jaune et jaune orangé, 90 cm à 1,20 m de hauteur; 'Illumination', feuillage rougeâtre au sommet et chocolat à la base, 45 à 60 cm de hauteur; 'Splendeur Précoce' (photo), feuillage rouge vin à la base et rouge écarlate au sommet, 90 cm à 1,20 m de hauteur.

Begonia semperflorens
Bégonia des jardins

Toujours populaires, les bégonias des jardins sont appréciés autant pour leur floraison que pour leur feuillage décoratif. Selon les cultivars, on recense des plants aux feuilles vernissées vertes ou bronze.
Rusticité : une annuelle tendre sensible au froid.
Hauteur : de 15 à 30 cm pour la majorité des cultivars.
Exposition : ensoleillée ou mi-ombragée.
Sol : une terre meuble, riche en humus et toujours fraîche.
Culture et utilisation : en bordure des plates-bandes (distance de plantation : 15 à 20 cm), en paniers suspendus, en balconnières ou en pots. Les bégonias des jardins sont parfois affectés par le mildiou et le botrytis; si le feuillage dépérit, un traitement antifongique est conseillé. Une fertilisation régulière est recommandée.
Cultivars disponibles : (feuillage bronzé) la série **Vision** offre des plants de 20 cm de hauteur, aux coloris rose pâle, rose vif, rouges, saumon et blancs, selon les cultivars; la série **Cocktail**, plants de 20 cm de hauteur : 'Gin', rose foncé; 'Vodka', rouges, 'Whisky', blancs; 'Rum', blanc bordé de rose; 'Brandy', rose pâle; 'Cocktail en mélange de couleurs'; la série **Rio** offre des plants plus compacts de 15 cm de hauteur, aux coloris rose pâle, rose vif, rouges, saumon, et blancs; (**feuillage vert**) la série **Olympia** offre des plants de 20 cm de hauteur, fleurs roses, rouges, saumon orangé, saumon écarlate, blanches ainsi que blanches avec une bordure rouge, selon les cultivars; la série **Varsity** donne des plants compacts d'environ 15 cm de hauteur aux coloris rouge écarlate, rose vif, rose pâle et blancs; la série **Victory** offre des plants de 20 à 25 cm de hauteur aux larges fleurs rose pâle, rose foncé, écarlate ou blanches, selon les cultivars.

Catharanthus roseus
Pervenche de Madagascar

Originaire de l'île de Madagascar, cette jolie pervenche non seulement est une précieuse plante du jardin mais, en pharmacologie, on extrait certaines molécules de sa fleur pour préparer un médicament contre la leucémie chez les enfants. Le sommet de son feuillage vernissé porte de jolies fleurs étoilées roses,

mauves ou blanches.
Rusticité : une annuelle tendre craignant le froid.
Hauteur : de 20 à 35 cm.
Exposition : ensoleillée ou partiellement ombragée.
Sol : une terre meuble, profonde, riche en humus, bien drainée et fraîche.
Culture et utilisation : en bordure d'une plate-bande (distance de plantation : 20 à 30 cm), en massif ou en contenant. Cette annuelle ne craint pas la chaleur si le sol demeure frais.
Cultivars disponibles : la série **Tropicana** offre des cultivars aux larges fleurs dans des coloris riches : 'Blush', fleurs roses à centre foncé ; 'Bright Eye', fleurs rose pâle à centre foncé ; 'Pink', rose foncé ; 'Rose', rose pâle ; 'White', fleurs blanches ; 'Apricot Delight', fleurs abricot pâle ; la série **Pacifica** donne des plants aux couleurs attrayantes, aux fleurs roses, lilas, rose foncé, rouges ou blanches selon les cultivars dont le centre de la corolle offre une coloration différente.

Celosia plumosa
Célosie plumeuse

Cette célosie est également connue sous le nom scientifique de *Celosia argentea cristata*. Originaire d'Asie, cette plante annuelle porte, au sommet du feuillage, une inflorescence érigée semblable à un plumeau. Les avis sont très partagés à son sujet : certains l'adorent, d'autres l'évitent.

Rusticité : une annuelle tendre endommagée par un gel.
Hauteur : de 25 à 35 cm pour la majorité des cultivars offerts.
Exposition : elle préfère une situation ensoleillée.
Sol : une terre riche en humus, meuble et bien drainée.
Culture et utilisation : c'est en massif que la célosie plumeuse donne son plein potentiel ornemental alors que l'on observe une concentration de plumeaux colorés (distance de plantation : 25 cm). Une fertilisation régulière assure une croissance vigoureuse.
Cultivars disponibles : 'Apricot Beauty', un plant de 30 à 35 cm de hauteur, au feuillage vert brillant et à l'inflorescence jaune abricot ; 'Century Yellow', un cultivar vigoureux de 35 à 40 cm de hauteur, à l'inflorescence jaune vif ; 'Geisha Mixture', un plant compact de 25 cm de hauteur, aux plumets jaunes et rouges ; 'New Look', gagnant *All-American* en 1988, plant de 35 cm de hauteur, au feuillage décoratif de couleur rouge bronzé veiné de rouge, inflorescence rouge vif.

Chrysanthemum parthenium
Grande camomille

Espèce considérée par certains comme une vivace éphémère, cette chrysanthème est aussi connue sous le nom scientifique de *Tanacetum parthenium*. De son feuillage

découpé s'élève une multitude de petits capitules au centre jaune et aux ligules blanches.

Rusticité : une annuelle résistante au froid.
Hauteur : de 35 à 50 cm.
Exposition : préfère une situation ensoleillée mais tolère un milieu partiellement ombragé.
Sol : une terre meuble et bien drainée.
Culture et utilisation : la grande camomille fleurit abondamment et de façon quasi continue. Elle s'associe bien aux plantes vivaces et permet de créer de magnifiques bordures (distance de plantation : 35 à 40 cm).
Cultivars disponibles : 'Golden Ball', plant compact de 20 à 30 cm de hauteur, capitules doubles jaune vif ; 'Santana White', cultivar à floraison continue, capitules blancs et centre jaune crème ; 'Santana Yellow', floraison continue, capitules jaune citron ; 'Snowball', capitules arrondis formant un pompon d'un blanc pur, 35 à 40 cm de hauteur ; 'Ultra Double White', un plant de 60 cm de hauteur aux capitules doubles blancs et centre jaune, excellent pour la fleur coupée.

Cleome hasslerana
Cléome

Une plante annuelle à la croissance vigoureuse formant un buisson pouvant atteindre plus de 1,20 m de hauteur. Les fleurs se développent sur un long pédoncule floral et sont regroupées au sommet du feuillage sur

un grand épi lâche. Cette espèce est également connue sous le nom scientifique de *Celome spinosa*. Ses fleurs dégagent une odeur particulière qui rappelle le musc de la mouffette.

Rusticité : une annuelle tendre dépérissant après une gelée.
Hauteur : de 0,90 à 1,35 m.
Exposition : une situation pleinement ensoleillée.
Sol : elle préfère une terre légère et bien drainée.
Culture et utilisation : le cléome est utilisé en massif et dans les grandes plates-bandes comme plante d'arrière-plan (distance de plantation : 45 cm). Une situation protégée des grands vents est recommandée. C'est une annuelle qui se ressème spontanément. Il faut respecter la distance de plantation et ne pas l'introduire dans une terre trop lourde.
Cultivars disponibles : 'Helen Campbell', fleurs blanches ; 'Rose Queen', rose foncé ; 'Cherry Queen', rouge cerise ; 'Violet Queen', pourpres.

Cosmos bipinnatus
Cosmos

Originaire du Mexique, le cosmos présente un feuillage très délicat et un port buissonnant. Les grands capitules, de 8 cm de diamètre, se développent abondamment au sommet du feuillage. Cette annuelle s'associe bien aux grandes vivaces dans une plate-bande.

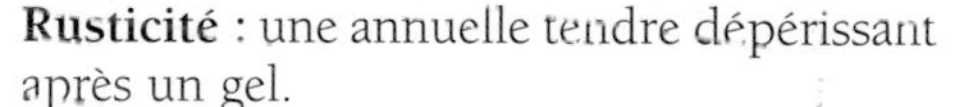

Rusticité : une annuelle tendre dépérissant après un gel.
Hauteur : de 80 cm à 1,30 m.
Exposition : une situation pleinement ensoleillée.
Sol : la plante croît mieux dans un sol plutôt sec et pas trop fertile.
Culture et utilisation : une situation abritée des vents dominants évite le tuteurage. Ne pas trop fertiliser, car cela favorise le développement du feuillage au détriment de la floraison. Les cosmos font d'intéressants massifs et s'associent bien, à l'arrière-plan, à de nombreuses autres annuelles (distance de plantation : de 50 à 60 cm).
Cultivars disponibles : 'Daydream', plant de 90 cm de hauteur, capitules blancs et centre rose ; 'Sea Shells', plant de 90 cm de hauteur, capitules carmin, roses ou blancs, dont les ligules sont enroulées comme un tube ; 'Sensation en mélange', plant de 1,00 à 1,20 m de hauteur, capitules roses ou blancs ; 'Sonata en mélange', plant compact de 30 à 50 cm de hauteur, capitules rouge carmin, blancs ou roses ; 'Sonata White', plant compact aux capitules blancs.

Dahlia x hybrida
Dahlia

Originaire du Mexique, le dahlia vendu comme plante annuelle n'est pas différent des dahlias à racines tubérisées que l'on achète chez les marchands spécialisés. Les premiers sont reproduits par semis et les seconds par leur organe de réserve bien développé. Si l'expérience vous tente, vous pouvez conserver les racines tubérisées de vos dahlias achetés en caissette dans un endroit frais et sec, et les mettre en végétation le printemps suivant. La majorité des cultivars offerts dans les caissettes d'annuelles sont des plants de petite taille exhibant des fleurs simples ou doubles.
Rusticité : une annuelle tendre qui dépérit après un gel.
Hauteur : de 25 à 60 cm de hauteur selon les cultivars offerts.
Exposition : une situation ensoleillée.
Sol : une terre profonde, bien drainée, très fertile et fraîche.
Culture et utilisation : les dahlias préfèrent les climats frais et un sol bien préparé en profondeur pour favoriser le développement de leurs racines tubérisées. Ils conviennent autant en massif qu'en bordure (distance de plantation : 30 à 40 cm). Surveiller l'apparition de pucerons et les dégâts occasionnés par les perce-oreilles. Il faut maîtriser ces ravageurs sinon les dahlias seront grandement affectés.
Cultivars disponibles : 'Diablo', plant compact au feuillage bronzé, fleurs doubles en mélange de coloris ; la série **Figaro** offre des cultivars à la floraison hâtive sur des plants de 25 à 35 cm de hauteur, fleurs doubles : 'Orange Shades', 'Red Shades', 'Violet Shades', 'White', 'Yellow Shades' et 'en mélange'; 'Harlequin en mélange', plant

de 35 à 45 cm de hauteur, fleurs semi-doubles dans les coloris de rose, violet, jaune, orange, rouge et blanc ; 'Royal Dahlietta' offre des plants compacts de 30 à 35 cm de hauteur, très florifères, fleurs semi-doubles aux coloris variés.

Gazania splendens
Gazanie
Cette plante annuelle est originaire de l'Afrique du Sud. Son feuillage pousse en rosette basilaire d'où s'élèvent des capitules de 10 cm de diamètre portés sur un court pédoncule floral. Les nouveaux cultivars (*Gazania x hybrida*) montrent des capitules aux coloris variés.
Rusticité : une annuelle tendre qui dépérit sous un gel.
Hauteur : les capitules se dressent sur 15 à 30 cm.
Exposition : une situation pleinement ensoleillée. Vous noterez que les capitules ne s'ouvrent qu'en plein soleil.
Sol : un sol meuble, léger et bien drainé.
Culture et utilisation : les gazanies préfèrent les sols légers et plutôt sablonneux (distance de plantation : 20 à 30 cm). Cette plante annuelle tolère une courte période de sécheresse. Elle demande des arrosages modérés et il faut éviter de la fertiliser à outrance. On les conseille en bordure, dans les rocailles ou en pots.
Cultivars disponibles : la série **Chansonnette** offre des plants compacts de 20 à 25 cm de hauteur aux coloris vifs : jaune, rouge, orange, blanc, rose et en mélange ; la série **Daybreak** présente des plants compacts de 20 cm de hauteur et à la floraison hâtive, dans les teintes chaudes de jaune et de bronze, le cultivar 'Daybreak Red Stripe' offre une nouveauté aux capitules rouge et jaune ; la série **Mini-Star** offre également des plants compacts dans les teintes chaudes.

Helianthus annuus
Tournesol
Les tournesols ensoleillent nos plates-bandes lorsque leurs gros capitules se développent au-dessus de leur feuillage. Cette annuelle fait le bonheur des jeunes jardiniers, car les petites graines donnent rapidement des plants imposants. Les nouveaux cultivars sont généralement plus compacts et leurs capitules plus décoratifs.
Rusticité : une annuelle résistante aux premiers gels.
Hauteur : de 90 cm à plus de 1,80 m, selon les cultivars.
Exposition : une situation ensoleillée.
Sol : une terre meuble, profonde, modérément fertile et bien drainée.
Culture et utilisation : cette grande annuelle se place aussi bien en massif qu'en bordure d'une clôture ou d'un mur (distance de plantation : 40 à 50 cm).
Cultivars disponibles : (cultivars de haute taille) 'Pastiche', plant de 1,50 m de

hauteur, capitules aux coloris chauds ; 'Valentine', plant de 1,80 m de hauteur, capitules jaune vif ; 'Velvet Queen', plant de 1,50 m de hauteur, capitule rouge foncé ; (**cultivars de petite taille**) 'Music Box' (photo), plant de 70 cm de hauteur, capitules de 10 à 15 cm de diamètre aux ligules bicolores rouge et jaune pâle ; 'Teddy Bear', plant de 90 cm de hauteur, capitules globulaires doubles d'un jaune orangé.

Heliotropium arborescens
Héliotrope du Pérou

Cette plante dressée à feuilles oblongues d'un vert foncé porte les corymbes d'une multitude de petites fleurs violet foncé à blanc, selon les cultivars. Les fleurs dégagent un parfum de vanille perceptible par temps calme ou en début de soirée.

Rusticité : une annuelle tendre qui dépérit au premier gel.

Hauteur : de 30 à 45 cm, selon les cultivars.

Exposition : une situation ensoleillée.

Sol : un sol riche, bien drainé et meuble.

Culture et utilisation : une annuelle utile pour la bordure des plates-bandes, associée à des vivaces ou en pot (distance de plantation : 30 à 35 cm). Pour une culture en contenant, une situation légèrement ombragée est recommandée.

Cultivars disponibles : 'Marine' (photo), plant de 45 cm de hauteur, fleurs violet foncé ; 'Mini Marine', plant de 40 cm de hauteur, fleurs violet foncé ; 'Twilight', un plant plus compact de 35 à 40 cm de hauteur, larges corymbes de fleurs violet foncé ; 'White Lady', plant compact de 30 cm de hauteur, aux corymbes de fleurs blanches.

Impatiens walleriana
Impatiente des jardins

Les impatientes des jardins sont parmi les annuelles les plus populaires et pour cause, leur floraison est généreuse et continue. Le choix des coloris offert est intéressant et varié. Cette plante annuelle est précieuse, car elle croît mieux dans une situation mi-ombragée qu'ensoleillée.

Rusticité : une plante annuelle tendre qui dépérit dès le premier gel.

Hauteur : de 20 à 40 cm, selon les cultivars.

Exposition : elle préfère une situation mi-ombragée bien que certains cultivars soient recommandés pour le plein soleil. Un emplacement ombragé nuit à son développement.

Sol : une terre meuble, riche en humus, bien drainée et toujours fraîche.

Culture et utilisation : elle croît aussi bien dans une jardinière bien arrosée qu'en bordure des plates-bandes ou en massifs (distance de plantation : 30 à 35 cm). Les impatientes des jardins craignent la sécheresse ; des arrosages réguliers et abondants sont requis. Une fertilisation régulière est recommandée.

Cultivars disponibles : il existe un grand nombre de cultivars répartis en une vingtaine de lignées (séries). On trouve des fleurs simples ou doubles dans les coloris de rose pâle, rose foncé, rouge saumon, blanc, ainsi que des fleurs bicolores.

Lavatera trimestris
Lavatère annuelle
Une plante annuelle très florifère au port buissonnant dont les fleurs rappellent celles des mauves et des hibiscus. Introduite en isolé avec des vivaces ou des arbustes ou en massif, la lavatère donne de l'éclat à une plate-bande.
Rusticité : une annuelle supportant un faible gel.
Hauteur : de 50 à 70 cm.
Exposition : une situation ensoleillée.
Sol : une terre meuble, riche en humus et bien drainée.
Culture et utilisation : la lavatère tolère difficilement un sol mal drainé ou la sécheresse (distance de plantation : 40 à 60 cm). Elle supporte mal la transplantation et certains amateurs préfèrent la semer directement en place.
Cultivars disponibles : 'Mont Blanc', plant de 50 cm de hauteur, fleurs blanches ; 'Mont Rose', plant de 50 cm de hauteur, fleurs roses ; 'Pink Queen', plant de 70 cm de hauteur, fleurs blanc rosé veiné de rose ; 'Silver Cup', plant de 60 cm de hauteur, fleurs rose clair au cœur plus foncé.

Lobelia erinus
Lobélie compacte
Petite plante au port rampant, aux feuilles étroites vertes ou vert bronze portant durant l'été une multitude de petites fleurs à cinq pétales dissymétriques, bleus à bleu violacé, parfois au cœur blanc.
Rusticité : une annuelle qui dépérit après une forte gelée.
Hauteur : la plante s'étale ou retombe plus qu'elle ne s'élève. Introduites en bordure d'une plate-bande, les fleurs de lobélie se dressent sur 10 à 15 cm.
Exposition : une situation ensoleillée ou légèrement ombragée.
Sol : une terre légère, fertile et bien drainée.
Culture et utilisation : la lobélie compacte est parfaite pour la rocaille ou la bordure de petites plates-bandes (distance de plantation : 15 à 20 cm), les pots et les jardinières, en association avec d'autres annuelles. Cette annuelle craint la sécheresse ; des arrosages réguliers sont exigés.
Cultivars disponibles : 'Cambridge Blue', plant compact, aux fleurs bleu ciel ; la série **Cascade** offre des cultivars aux fleurs rouges, bleu violacé, roses et blanches ; 'Crystal Palace', plant aux feuilles bronze, fleurs bleu profond ; la série **Fountain** présente des cultivars aux vigoureuses tiges retombantes dans des coloris variés ; la série **Riviera** offre des plants très florifères, aux fleurs particulièrement colorées ; 'Sapphire', fleurs bleu violacé et cœur blanc.

Nicotinia sylvestris

Lobularia maritima
Alysse odorante
Très populaire, cette plante annuelle rampante forme un tapis de fleurs blanches, roses ou rouges, selon les cultivars. Cette espèce est également connue sous le nom scientifique d'*Alyssum maritimum*.
Rusticité : une annuelle qui résiste bien à un faible gel.
Hauteur : l'alysse odorante s'étale plus qu'elle ne s'élève. Les fleurs se dressent jusqu'à 8 cm.
Exposition : une situation pleinement ensoleillée.
Sol : une terre moyennement fertile et bien drainée.
Culture et utilisation : elle convient autant à la bordure d'une plate-bande ou d'une rocaille et performe assez bien dans un muret de pierres ou dans les interstices d'un sentier de pierres plates (distance de plantation : 20 cm). Une terre lourde et mal drainée nuit à sa croissance. Il faut éviter de fertiliser, car cela favorise le développement du feuillage au détriment de la floraison.
Cultivars disponibles : la série **Easter Bonnet** offre des plants compacts et très florifères dans les teintes de rose pâle, rose violacé, lavande et violet ; 'New Carpet of Snow', plant compact, fleurs blanches ; 'Royal Carpet', fleurs violet foncé ; 'Snow Crystal', plant tolérant la chaleur, fleurs blanches ; la série **Wonderland** présente des plants compacts dont les cultivars portent des fleurs rose foncé, pourpres et blanches.

Nicotinia alata
Tabac d'ornement
Cette plante florifère est appréciée pour sa floraison abondante et continue. Les nouveaux cultivars offerts dans les centres-jardins sont issus d'un croisement entre des *Nicotinia alata* et *N. forgetiana*. Ils présentent des coloris variés et leurs fleurs exhalent un parfum léger.
Rusticité : une annuelle tendre qui dépérit sous un gel.
Hauteur : de 35 à 50 cm pour la majorité des cultivars offerts.
Exposition : une situation ensoleillée ou légèrement ombragée.
Culture et utilisation : le tabac d'ornement se plaît en massifs et dans les contenants. Une fertilisation régulière donne de la vigueur aux plants. Il redoute la sécheresse et des arrosages réguliers sont requis (distance de plantation : 30 à 40 cm). Pour maintenir une floraison abondante, il faut supprimer les fleurs fanées.
Cultivars disponibles : la série **Appleblossom** produit des plants dont les fleurs exhibent des fleurs aux coloris pastel ; la série **Domino** offre des plants de 30 à 45 cm de hauteur et des coloris très variés ; la série **Havana** donne des cultivars plus compacts de 30 à 35 cm de hauteur ; 'Hummingbird Lemon Lime' (photo), plants de 40 cm de hauteur, fleurs blanc verdâtre ; la série **Merlin** produit des plants compacts de 25 à 30 cm de hauteur, coloris variés.

Nicotinia sylvestris
Nicotine sylvestre

Cette grande plante annuelle marque un accent particulier dans une plate-bande. Ses longues fleurs tubulaires blanches ouvertes en forme d'étoile se développent sur une longue panicule dressée au-dessus du feuillage.
Rusticité : une annuelle tendre qui dépérit après un gel.
Hauteur : la hampe florale se dresse sur 1,20 à 1,80 m.
Exposition : une situation ensoleillée ou légèrement ombragée.
Sol : la nicotine sylvestre préfère un sol fertile, meuble, léger et bien drainé.
Culture et utilisation : en massif ou isolée, cette nicotine passe rarement inaperçue (distance de plantation : 50 à 60 cm). Elle répond bien à une fertilisation régulière et demande des arrosages abondants.
Cultivar disponible : 'Only the Lonely', un cultivar aux longues fleurs blanches retombantes dégageant un parfum agréable.

Papaver somniferum
Pavot somnifère

Ce pavot est une amélioration génétique du pavot à opium qui exhibe de magnifiques fleurs mais ne contient aucun alcaloïde « utile ». Les pétales des grandes fleurs simples ou doubles ressemblent à du papier crépon.
Rusticité : une annuelle qui résiste à un faible gel.
Hauteur : les fleurs sont portées sur une tige feuillée de 50 à 80 cm.
Exposition : une situation ensoleillée.
Sol : une terre meuble, plutôt sablonneuse et bien drainée.
Culture et utilisation : ce pavot s'associe bien aux vivaces et aux autres annuelles. Cette plante supporte mal la transplantation et plusieurs amateurs préfèrent la semer directement sur place (distance de plantation : 20 à 30 cm). Une fertilisation régulière favorise son développement. Le pavot somnifère tolère une courte période de sécheresse.
Cultivars disponibles : 'Hen and Chickens', un cultivar intéressant pour ses capsules de semences ; 'Peony Flowered Mixed', fleurs doubles dans les coloris de rouge, pourpre, rose, saumon et blanc ; 'Peony White Cloud', fleurs doubles blanches.

Pelargonium x hortorum
Géranium des jardins

Toujours populaires, les géraniums des jardins composent de jolies potées fleuries ou des jardinières. Cette plante originaire de l'Afrique du Sud n'est pas au sens strict du terme une annuelle. Mais comme elle est vendue avec les annuelles, nous l'incluons dans ce groupe. Ce géranium présente un port buissonnant, aux feuilles rondes généralement vertes, mais également panachées de blanc ou plus colorées.

Rusticité : cette plante subligneuse dépérit à une température froide.
Hauteur : très variable selon que les plants sont produits par semis ou boutures (20 à 35 cm) ou qu'ils sont conservés en serre froide et mis en terre au début de l'été (35 cm à 1,20 m).
Exposition : une situation ensoleillée ou légèrement ombragée.
Sol : une bonne terre de jardin bien drainée.
Culture et utilisation : le géranium des jardins est surtout utilisé pour la confection de potées ou de jardinières, mais il convient tout autant à la bordure d'une plate-bande ou à un massif. Il préfère un sol léger, riche en humus et frais mais jamais détrempé (distance de plantation : 30 à 35 cm). Une fertilisation régulière avec un engrais de formule 15-30-15 ou l'équivalent favorise la vigueur des spécimens.
Cultivars disponibles : il existe un très grand nombre de cultivars qui portent des ombelles globulaires de fleurs blanches, roses, rouges, saumon, écarlates ou bicolores. Ils sont réunis dans des séries telles que **Avanti, Maverick, Pinto** et **Ringo**. De nouveaux cultivars offrent des feuillages colorés particulièrement décoratifs : 'Blazonry', 'Contrast', 'Dolly Vardon', 'Fairyland', 'Mr. Henry Cox' (photo), 'Mrs Quilter' et 'Turkish Delight'.

Perilla frutescens
Périlla

Peu connu des amateurs, le périlla, à l'instar des coléus (*Coleus blumei*), est apprécié pour son feuillage. Cette vigoureuse plante annuelle au feuillage aromatique arbore des feuilles plus ou moins triangulaires d'un vert rougeâtre ou rouge bordeaux métallique.
Rusticité : une annuelle tendre dépérissant dès le premier gel.
Hauteur : de 50 à 80 cm.
Exposition : une situation ensoleillée ou légèrement ombragée.
Sol : une terre fertile, fraîche et bien drainée.
Culture et utilisation : à cause de son feuillage très coloré, le périlla fournit un contraste étonnant dans un massif ou en bordure de grandes plantes annuelles ou vivaces (distance de plantation : 40 à 50 cm).
Cultivars disponibles : 'Atropurpurea' (photo), feuillage très foncé ; var. *crispa*, feuillage à la marge frisée.

Petunia x hybrida
Pétunia ou Saint-Joseph

La majorité des pétunias offerts dans les centres-jardins ou les pépinières sont issus de croisements entre deux espèces, le *Petunia axillaris* et le *P. violacea*. Ces annuelles demeurent populaires pour leur facilité de culture et leur profusion de fleurs en forme d'entonnoir évasé. Le feuillage duveteux et collant se dresse, s'étale ou retombe, selon les cultivars. On classe les pétunias hybrides en trois groupes distincts, les *Petunia x*

Petunia Surfinia 'Purple Wave'

hybrida grandiflora, les *P. x hybrida multiflora* et les *P. x hybrida milliflora*. Le premier groupe offre des plants dont les fleurs ont 10 cm de diamètre, alors que le second porte des fleurs d'environ 5 cm de diamètre. Si les cultivars du groupe *grandiflora* demeurent très populaires, les pétunias du groupe *multiflora* gagnent en faveur à cause de leur grande floribondité et de leur résistance à un climat humide. De nouvelles lignées sont créées régulièrement et renouvellent l'intérêt des amateurs. Depuis quelques années, les hybrideurs proposent un nouveau type de pétunias à fleurs miniatures, le groupe *milliflora*, dont les cultivars de la série **Fantasy** ont été la référence. Depuis peu, la série **Surfinia** a révolutionné la culture en contenants, alors que la lignée **Calibracoa** fait actuellement une percée importante chez les amateurs.

Rusticité : la majorité des pétunias sont des annuelles tendres qui dépérissent après un gel, mais les lignées **Surfinia** et **Calibracoa** semblent mieux résister à un gel faible.

Hauteur : selon les cultivars, les tiges des pétunias s'élèvent sur 15 à 25 cm, s'étalent au sol ou retombent sur 1,50 à 3,00 m.

Exposition : tous demandent une situation pleinement ensoleillée.

Sol : une terre bien drainée, meuble et plutôt légère.

Culture et utilisation : les pétunias conviennent autant à la bordure d'une plate-bande qu'en massifs et sont parfaits pour la confection de boîtes à fleurs ou de corbeilles suspendues. Certains cultivars couvrent rapidement le sol d'une rocaille (distance de plantation : 25 à 45 cm). Tous les cultivars répondent bien à une fertilisation et à un arrosage réguliers. Une situation ombragée influence négativement l'abondance de la floraison. Les nouvelles pousses des pétunias sont parfois infestées de pucerons. Tous les pétunias cultivés en contenant nécessitent des arrosages abondants.

Cultivars disponibles : il existe un très grand nombre de cultivars répartis en plusieurs séries ; on distingue les pétunias à grandes fleurs simples, à fleurs simples moyennes ou petites, à fleurs doubles, des formes retombantes (les séries **Supercascade**, **Fantasy**, **Surfinia** et **Calibracoa**). La série **Surfinia** offre des cultivars aux fleurs rose foncé, rose pâle, bleu veiné, rose foncé veiné, rose pâle veiné, rose pastel, pourpres, violettes et blanches ; les plants de la série **Calibracoa** donnent de petites fleurs dans les coloris de bleu violacé, rose et cerise. Les cultivars 'Purple Wave' (photo) et 'Pink Wave' forment un couvre-sol s'étalant sur 60 à 80 cm.

Phlox drummondii
Phlox de Drummond

Cette petite plante érigée et touffue, très florifère, porte des corymbes de petites fleurs à cinq pétales bicolores ou frangés dominant le feuillage.

Rusticité : une annuelle qui supporte un faible gel.
Hauteur : de 20 à 40 cm, selon les cultivars.
Exposition : une situation ensoleillée.
Sol : une terre légère, plus sablonneuse qu'argileuse, fraîche et bien drainée.
Culture et utilisation : une plante intéressante pour les massifs, la bordure des plates-bandes, les rocailles ou les contenants. Le phlox de Drummond s'associe bien aux vivaces (distance de plantation : 20 à 25 cm). Pour une croissance soutenue, il est recommandé d'amender avec de la matière organique et de fertiliser régulièrement.
Cultivars disponibles : la série **Beauty** offre des plants de 20 cm de hauteur aux grandes fleurs bleues, rose pâle, écarlates ou en mélange, selon les cultivars ; la série **Palona** donne des plants compacts, une floraison abondante et de petites fleurs ; 'Twinkle' (photo) donne des fleurs étoilées particulièrement décoratives.

Portulaca grandiflora
Pourpier à grandes fleurs

Originaire du Brésil, le pourpier à grandes fleurs est une plante herbacée succulente qui résiste à une sécheresse prolongée. Ses tiges et ses feuilles cylindriques charnues sont étalées sur le sol. Les fleurs, le plus souvent doubles, se développent au sommet des tiges feuillées. Elles ressemblent à de petites roses et ne s'ouvrent qu'au plein soleil ; elles se referment par temps nuageux et à la brunante.
Rusticité : une annuelle qui dépérit après un gel.
Hauteur : ce pourpier s'étale et les fleurs se développent à 5 ou 7 cm au-dessus du sol.
Exposition : une situation pleinement ensoleillée.
Sol : une terre légère toujours bien drainée.
Culture et utilisation : le pourpier à grandes fleurs trouve une place de choix dans les rocailles, entre les pierres d'un sentier peu utilisé ou dans les interstices d'un muret sec (distance de plantation : 20 à 30 cm). Une fertilisation au moment de la transplantation suffit généralement à assurer la croissance de ces plantes. Des arrosages très superficiels seront requis en période de sécheresse.
Cultivars disponibles : la série **Sundial** offre des plants à fleurs doubles aux coloris variés.

Rudbeckia hirta
Rudbeckie hérissée

Les rudbeckies sont des plantes annuelles ou des vivaces éphémères croissant dans les prairies sauvages de l'ouest de l'Amérique du Nord. Les nouveaux cultivars offerts proposent des plants à la floraison abondante et continue. Cette espèce est aussi connue sous le nom scientifique de *Rudbeckia gloriosa*.

Rusticité : une annuelle qui résiste à un faible gel.
Hauteur : de 25 à 90 cm.
Exposition : une situation ensoleillée.
Sol : une terre meuble, légère et bien drainée.
Culture et utilisation : la rudbeckie hérissée convient tout autant à une naturalisation qu'à la culture en massifs. Cette plante s'associe bien aux autres vivaces car sa floraison prolongée bonifie les compositions florales (distance de plantation : 30 à 35 cm). Elle tolère les sols pauvres mais performe mieux dans une terre riche et fraîche. Une fertilisation régulière assure une floraison plus abondante et continue.
Cultivars disponibles : 'Becky Mixed', un cultivar très compact de 25 à 35 cm de hauteur, aux capitules jaune citron à orange rougeâtre ; 'Gloriosa Daisy Mixed', larges capitules de 12 à 15 cm de hauteur, aux coloris jaunes, bronze et orangés ; 'Indian Summer', capitules jaune vif ; 'Irish Eyes', capitules aux ligules jaune vif et au centre vert ; 'Marmelade', capitules orange doré de 8 cm de diamètre portés sur une tige de 55 à 65 cm de hauteur ; 'Toto', plant compact de 20 à 30 cm de hauteur, aux capitules jaune vif.

Salvia farinacea
Sauge farineuse

Une jolie sauge formant un buisson érigé compact. Les feuilles vert argenté sont lancéolées. Les fleurs sont groupées en épis dressés s'élevant au-dessus du feuillage.
Rusticité : une annuelle tendre qui dépérit sous un gel.
Hauteur : de 35 à 50 cm.
Exposition : cette sauge préfère une situation ensoleillée.
Sol : une terre meuble, riche en matières organiques, préférablement légère et bien drainée.
Culture et utilisation : la sauge farineuse convient tout autant en massifs qu'en bordure des plates-bandes. Elle s'associe bien aux vivaces (distance de plantation : 30 à 35 cm). Une fertilisation régulière et un apport d'eau régulier favorisent sa croissance.
Cultivars disponibles : 'Strata', épis de fleurs blanches et bleues ; 'Victoria' (photo), très populaire pour ses fleurs bleu violacé.

Tagetes patula
Œillet d'Inde

Plusieurs espèces d'œillets d'Inde (*Tagetes erecta, T. patula* et *T. tenuifolia*) agrémentent les jardins ornementaux québécois ; le *Tagetes patula* est une plante ramifiée, plutôt compacte, aux feuilles finement découpées portant des fleurs simples ou doubles vivement colorées de jaune ou d'orange.
Rusticité : une annuelle qui tolère un très faible gel.
Hauteur : de 15 à 30 cm.
Exposition : une situation ensoleillée.
Sol : une terre modérément fertile et bien drainée.

Culture et utilisation : les cultivars de cette espèce donnent leur plein potentiel en massifs ou en bordure des plates-bandes. Ils sont également appréciés pour leur compagnonnage avec les légumes (distance de plantation : 20 à 30 cm). Les cultivars triploïdes sont intéressants, car plus florifères.
Cultivars disponibles : parmi les cultivars populaires, il faut mentionner ceux de la série **Aurora**, aux plants de 20 à 25 cm de hauteur; la série **Bonanza**, aux plants de 30 cm de hauteur et aux fleurs doubles; la série **Boy**, aux plants compacts de 15 cm de hauteur et aux fleurs doubles; la série **Gem**, aux plants de 20 cm de hauteur et aux fleurs simples; la série **Safari**, aux plants de 20 à 25 cm de hauteur et aux fleurs doubles.

Tropæolum majus
Capucine

Cette annuelle de croissance rapide fait le bonheur des petits et des grands jardiniers. Le feuillage arrondi et pelté forme un petit coussin d'où émergent de jolies fleurs vivement colorées. Celles-ci agrémentent les salades non seulement pour leur valeur décorative mais également pour leur saveur épicée.
Rusticité : une annuelle tendre qui dépérit après un gel.
Hauteur : la capucine s'étale ou retombe plus qu'elle ne s'élève. Le feuillage s'érige sur 20 à 25 cm.
Exposition : une situation ensoleillée.
Sol : une terre modérément fertile, fraîche et bien drainée.
Culture et utilisation : les cultivars nains tapissants sont intéressants pour la bordure des plates-bandes, les massifs, les potées suspendues et les jardinières (distance de plantation : 30 à 40 cm). Les cultivars géants conviennent à un treillis comme plante grimpante.
Cultivars disponibles : la série **Alaska** (photo) est prisée pour le feuillage panaché de ses cultivars; la série **Tip Top** offre des plants de coloris variés : abricot, jaune vif, écarlates et en mélange; la série **Whirlybird** donne des plants aux fleurs semi-doubles, dans les teintes de rose cerise, jaune vif, orange, rouge, crème et tangerine.

Verbena bonariensis
Verveine de Patagonie

Encore méconnue, cette grande verveine passe rarement inaperçue dans un massif. Originaire de l'Amérique du Sud, cette jolie annuelle porte de grandes tiges régulièrement ramifiées supportant des corymbes de petites fleurs pourpre-lilas.
Rusticité : une annuelle qui dépérit après un gel.
Hauteur : les hampes florales de cette verveine s'érigent sur 1,20 à 1,70 m.
Exposition : une situation ensoleillée.
Sol : une terre meuble préférablement légère et bien drainée.
Culture et utilisation : c'est en massif que

la verveine de Patagonie donne tout son potentiel ornemental (distance de plantation : 45 à 60 cm). Elle peut être associée à d'autres annuelles en plantations intercalaires.

Viola x wittrockiana
Pensée

Les grandes pensées sont des vivaces éphémères cultivées comme des plantes annuelles. L'automne, il faut simplement les rabattre au niveau du sol et, dès la fonte des neiges, elles se remettent à fleurir abondamment pour une autre saison. Ces hybrides sont reconnus pour leurs grandes fleurs et leur floraison continue.

Rusticité : cette plante herbacée résiste très bien au froid et ne craint aucunement les gels printaniers ou automnaux.

Hauteur : le feuillage s'élève à peine à 15 cm.

Exposition : une situation ensoleillée ou mi-ombragée.

Sol : une terre meuble, toujours fraîche et riche en matière organique.

Culture et utilisation : les grandes pensees agrémentent autant une bordure de platebande qu'un aménagement dans un sous-bois clair (distance de plantation : 20 à 25 cm). Leur culture dans une jardinière en situation légèrement ombragée donne un bon résultat pour autant que le sol reste constamment frais et même légèrement humide.

Cultivars disponibles : il existe un grand nombre de cultivars de grandes pensées réunis dans des séries comme **Bingo, Clear Crystal, Delta, Fanfare, Forerunner, Imperial** et **Regal**, offrant toutes des fleurs aux coloris variés. Parmi les pensées différentes, nous vous suggérons les cultivars suivants : 'Watercolor en mélange', aux fleurs de coloris pastel ; 'Jolly Joker', aux fleurs orange et violettes ; 'Molly Sanderson' exhibe des fleurs presque noires ; 'Padparadja', aux fleurs orange.

Zinnia angustifolia
Zinnia mexicain

Moins connu que le *Zinnia elegans*, le zinnia mexicain gagne en popularité pour son abondante floraison et son port plus étalé. Une multitude de petits capitules parsème son feuillage. Les plants sont moins sensibles au blanc, une maladie fongique assez fréquente chez les vieux cultivars de zinnia élégant.

Rusticité : une annuelle qui dépérit après un gel.

Hauteur : de 30 à 45 cm.

Exposition : une situation ensoleillée.

Sol : une terre meuble, fraîche et bien drainée.

Culture et utilisation : le zinnia mexicain est intéressant en bordure d'une plate-bande ou pour la confection de massifs (distance de plantation : 35 à 40 cm). Cette annuelle s'associe bien aux vivaces.

Cultivars disponibles : le cultivar 'Crystal' exhibe des capitules blancs ; la série **Pinwheel** offre des capitules roses, saumon et blancs ; la série **Profusion** montre des plants florifères dans les coloris de rouge cerise, orange et blanc.

7. Un aménagement évolutif grâce aux vivaces

Les plantes vivaces sont de plus en plus populaires auprès des amateurs, d'abord pour des raisons économiques (le coût d'achat est moindre à long terme) et aussi parce que les plantes vivaces demandent moins d'entretien que les annuelles puisqu'elles n'ont pas à être replantées chaque année. Un autre point qui milite en leur faveur est la grande diversité et le nombre de plus en plus grand d'espèces et de cultivars offerts. On a le choix des ports, des textures du feuillage et des inflorescences. On trouve aussi des plantes vivaces qui s'adaptent à la majorité des situations que l'on rencontre dans nos jardins (plein soleil, milieu ombragé, terre sablonneuse, argileuse, sol gorgé d'eau, etc). Certaines fleurissent tôt au printemps et d'autres à l'automne ; un grand nombre d'entre elles développent leurs fleurs ou leur inflorescence entre le milieu du printemps et la fin de l'été. C'est d'ailleurs le grand intérêt de ce groupe de plantes ornementales : contrairement aux massifs d'annuelles qui fixent l'intérêt d'une composition florale, les associations de vivaces permettent une évolution différenciée plus intéressante parce qu'elles fleurissent sur une courte période.

Parmi les centaines, voire les milliers d'espèces et de cultivars, mis en vente, il importe de choisir des vivaces rustiques pour votre jardin. Certaines plantes vivaces ne le sont que dans des régions plus « chaudes ». Pour un aménagement d'entretien facile, nous vous conseillons de privilégier les vivaces dotées d'une rusticité supérieure à celle de votre zone. Elles passeront facilement la période hivernale sans que vous ayez à vous soucier de leur protection.

Une plate-bande ou un massif de vivaces réussi se distingue par des associations équilibrées de plantes qui fleurissent tout au long de la saison de croissance. Cela présuppose que l'amateur sélectionne ses plantes pour que certaines s'épanouissent dès la fonte des neiges et que les floraisons s'échelonnent jusqu'au retour de la neige. En tenant compte de la surface à aménager, on choisit une ou des vivaces créant un accent particulier (par la dimension, la floraison, la couleur du feuillage, etc) et on lui associe d'autres plantes qui, bien qu'intéressantes en soi, serviront de faire-valoir.

Pour que l'ensemble soit harmonieux, on doit éviter de sélectionner un trop grand nombre de vivaces pour une surface donnée. Il est préférable de multiplier les associations jugées intéressantes puis d'introduire ici et là quelques variantes. Lors de la

mis en place des plants, il faut également porter une grande attention aux associations de feuillage : des feuillages contrastés rehaussent autant l'apparence d'un massif que les oppositions de formes de fleurs ou d'inflorescences ou que le jeu des coloris. Rappelons que dans une composition de vivaces, les fleurs passent… mais les feuillages restent.

Il importe également de ne pas verser dans un rigorisme excessif dans l'ordonnance des associations de vivaces : les plantes basses à l'avant, les moyennes au centre et les hautes à l'arrière, par exemple. Cet ordre de plantation donne toujours un tableau floral trop rigide, qui manque de naturel. Dans certaines compositions, il conviendra d'introduire des espèces plus hautes jusqu'au centre de la plate-bande alors qu'ailleurs, les espèces de taille moyenne pourront occuper le premier plan ou l'arrière-plan, selon leur période d'intérêt et l'effet recherché.

L'expérience de nombreux horticulteurs nous enseigne que les plantations en bandes allongées donnent de meilleurs résultats que les plantations en groupements arrondis. Ce type de plantation laisse moins de trous visibles lorsque les floraisons sont terminées. Il convient également de planter des espèces à floraison ou à feuillaison tardive à proximité de plantes à floraison précoce pour dissimuler ces dernières quand elles fanent ou lorsque leur feuillage disparaît.

Il est difficile de distinguer avec précision les associations qui seront réussies de celles qui le seront moins, les possibilités étant infinies. Certains critères peuvent cependant nous guider : un agencement de plantes vivaces doit d'abord viser une harmonie de l'ensemble tout en favorisant les contrastes par des jeux de hauteur ou d'étalement d'un spécimen, de coloris et de textures de feuillage, de formes de fleurs ou d'inflorescences, par exemple. Ces végétaux tolérant les déplacements, au printemps et à l'automne, on peut facilement modifier les agencements jusqu'à l'obtention du tableau floral qui nous ravira.

Description des espèces et des cultivars

Actæa rubra
Actée rouge

Cette plante indigène de nos sous-bois porte un feuillage composé, aux folioles découpées et dentées, offrant une texture intéressante. La floraison est printanière ; les épis de fleurs blanches minuscules se transforment, après la fécondation, en baies charnues rouges. On la surnomme « poison de couleuvre », car ses fruits, très décoratifs, sont considérés comme toxiques.

Rusticité : zone 3b.

Hauteur : le feuillage et l'inflorescence atteignent de 40 à 60 cm.

Étalement : de 40 à 60 cm.

Époque de floraison : mai.

Exposition : une situation partiellement à mi-ombragée.

Sol : une terre meuble, profonde, riche en humus et toujours fraîche.

Culture et utilisation : de culture facile, l'actée rouge est maintenant offerte dans la plupart des pépinières. On bine profondément la surface destinée à recevoir les plantes et on amende avec un terreau de feuilles compostées et de la mousse de sphaigne. Des arrosages réguliers sont requis (distance de plantation : 60 cm).
Espèces apparentées : il existe une forme à fruits blancs, l'*Actæa rubra* f. *neglecta* (syn. *Actæa alba*) et une autre espèce, l'*Actaæ pachypoda*, aux pédicelles rouges et à fruits blancs. Elles présentent des dimensions similaires, soit de 40 à 60 cm de hauteur et autant en diamètre.

Anemone hupehensis
Anémone d'automne

Sous le vocable d'anémones d'automne, on trouve, outre l'*Anemone hupehensis*, les *A. japonica* et *A. vitifolia* ainsi que des hybrides développés de ces espèces, l'*Anemone x hybrida*. Certaines espèces ont des souches drageonnantes légèrement envahissantes. Elles fleurissent à la mi-août ou à la mi-septembre, selon les espèces et les cultivars. Elles arborent de jolies fleurs ouvertes, simples ou doubles, ornées d'une couronne d'étamines jaunes sur de grandes hampes florales feuillées.
Rusticité : zone 3 pour l'*Anemone vitifolia* 'Robustissima'; zone 5 pour les autres espèces et les cultivars d'*Anemone x hybrida*.
Hauteur : de 0,60 à 1,20 m, selon les espèces et les cultivars.
Étalement : de 50 à 90 cm.
Époque de floraison : de la mi-août à la fin de septembre pour les espèces hâtives et de la mi-septembre à la fin d'octobre pour les espèces à floraison tardive.
Exposition : une situation ensoleillée à partiellement ombragée.
Sol : une terre meuble, profonde et riche en humus.
Culture et utilisation : ces anémones conviennent à tous les massifs ou à toutes les plates-bandes où leur floraison à la fin de l'été ou l'automne bonifie les compositions mixtes. Elles supportent mal une sécheresse prolongée et préfèrent un sol humifère et toujours frais (distance de plantation : 50 à 90 cm). On peut contrer les souches drageonnantes en plaçant autour des plants une bordure de plastique rigide. Les anémones n'aiment pas être déplacées, il faut donc bien planifier leur introduction.
Cultivars disponibles : 'Alice', fleurs simples rose clair ; 'Honorine Jobert', fleurs simples ou semi-doubles d'un blanc pur ; 'Koningin Charlotte', fleurs simples rose moyen ; 'Pamina', fleurs semi-doubles cerise ; 'Robustissima', fleurs simples rose très pâle ; 'September Charm', fleurs simples roses ; 'Splendens', fleurs simples rose pâle ; 'Whirlwind', fleurs semi-doubles blanches.

Anthemis tinctoria
Camomille des teinturiers
Une vivace éphémère qui se ressème facilement d'elle-même. Au-dessus de son feuillage profondément découpé, elle arbore une multitude de petits capitules, de 5 à 6 cm de diamètre, jaune vif à jaune pâle selon les cultivars.
Rusticité : zone 3.
Hauteur : de 50 à 90 cm.
Étalement : de 40 à 70 cm.
Époque de floraison : elle fleurit abondamment à la fin de juin ou au début de juillet, puis de façon continue jusqu'au début de septembre.
Exposition : une situation pleinement ensoleillée.
Sol : une terre légère, plutôt sablonneuse et bien drainée.
Culture et utilisation : cette camomille très florifère demande un sol bien drainé pour prospérer, elle supporte mal les terres lourdes, argileuses, au drainage déficient (distance de plantation : 40 à 50 cm). Elle est rarement sujette aux ravageurs et aux maladies. La camomille des teinturiers est parfaite pour la naturalisation d'une surface sablonneuse ou une terre pauvre bien drainée.
Cultivars disponibles : 'Beauty of Grallagh', 60 cm de hauteur, capitules jaune vif ; 'Grallagh Gold', 60 cm de hauteur, capitules jaune vif avec un soupçon d'orange ; 'Kelwayi', 70 cm de hauteur, capitules jaune citron ; 'Moonlight', 50 à 60 cm de hauteur, capitules jaune pâle ; 'Mrs. E.C. Buxton', 50 à 75 cm de hauteur, capitules jaune citron ; 'Pale Moon', 70 cm de hauteur, capitules jaune pâle ; 'Perry's Variety', 60 cm de hauteur, capitules jaune vif teinté d'orange.

Aquilegia x hybrida
Ancolie
Les ancolies sont bien connues des amateurs de vivaces pour leur feuillage découpé d'une texture délicate et leur fleur constituée de cinq pétales tubulaires qui se prolongent en forme d'éperon. Les cultivars issus de l'hybridation offrent des fleurs plus grosses et une floraison plus abondante.
Rusticité : la plupart des ancolies sont rustiques en zone 3, certains nouveaux cultivars sont plus sensibles au froid mais se cultivent bien en zone 4b.
Hauteur : de 50 à 70 cm.
Étalement : de 35 à 50 cm.
Sol : une terre meuble, profonde, moyennement fertile et préférablement fraîche.
Culture et utilisation : leur feuillage et leur floraison agrémentent une plate-bande autant ensoleillée que mi-ombragée. Une terre fraîche favorise le prolongement de la floraison (distance de plantation : 35 à 50 cm). Une mineuse affecte grandement le feuillage des ancolies, des pulvérisations d'un insecticide systémique sont donc

conseillées. On recommande de traiter les ancolies comme des plantes vivaces éphémères et de transplanter de nouveaux plants tous les deux à trois ans.
Cultivars disponibles : la série **McKana Giants Mix** offre des cultivars dont les fleurs ont 7 cm de diamètre dans des coloris variés ; la série **Music** donne des plants de 50 cm de hauteur, vigoureux et très florifères ; la nouvelle série **Songbird** (photo) connaîtra une grande popularité pour ses fleurs énormes ; la série **Barlow**, dont le cultivar 'Nora Barlow' est plus connu, donne des fleurs doubles en pompons sans éperons.

Aster dumosus
Aster d'automne

Les cultivars issus de cette espèce et de croisements avec l'*Aster novi-belgii* arborent une multitude de petits capitules rose vif, bleus ou violets s'épanouissant dès le début ou le milieu de septembre. Ceux-ci sont toujours inférieurs à 50 cm de hauteur.
Rusticité : zone 3b.
Hauteur : de 25 à 50 cm, selon les cultivars.
Étalement : de 40 à 60 cm.
Époque de floraison : du début ou du milieu de septembre jusqu'au milieu ou à la fin d'octobre.
Exposition : une situation pleinement ensoleillée.
Sol : une terre meuble, de fertilité moyenne et bien drainée.
Culture et utilisation : cet aster convient particulièrement bien à la devanture d'une plate-bande (distance de plantation : 50 à 60 cm). Certains hybrides issus de l'espèce sont sujets à l'oïdium (*Erysiphe cichorecearum*) ; des traitements antifongiques préventifs sont conseillés. Pour des plants robustes et sains, des arrosages abondants et des fertilisations régulières sont recommandés. Après quelques années, il faut diviser les touffes en souches distinctes ; cette opération peut s'effectuer tard à l'automne après la floraison, ou tôt au printemps.
Cultivars disponibles : 'Alert', capitules à rayons rose foncé ou rose violacé ; 'Audrey', capitules rouge cerise ; 'Jenny' (photo), capitules doubles rose foncé lumineux ; 'Okto Berschneekuppel', capitules à rayons blancs ; 'Professor Kippenburg', bleus ; 'Red Star', rose rougeâtre ; 'Royal Amethyst', bleu pâle à roses ; 'Royal Opal', bleu pâle ; 'Schneekissen', blancs ; 'Snow Cushion', blancs ; 'Violet Carpet', bleu violacé foncé ; 'White Opal', blancs.
Espèces apparentées : l'aster de Nouvelle-Angleterre (*Aster novea-angliæ*) est une espèce de grande taille, de 1,00 à 1,50 m de hauteur et de 60 cm de diamètre, portant en septembre et au début d'octobre de nombreux capitules de fleurs ligulées bleu violacé pour l'espèce botanique ou bleu foncé à bleu pâle et rose foncé à rose pâle pour les cultivars. Ces cultivars très florifères sont offerts dans les centres-jardins : 'Alma Potschke', de 1,00 à 1,20 m de hauteur, corolle aux rayons rose vif lumineux ; 'Harrington's Pink', 1,00 m de hauteur, rose pâle ; 'Linnæus', 0,90 à 1,20 m de hauteur, violets ; 'Perron's', 1,00 m de hauteur, rouges à rouge pourpré ; 'September Ruby', 1,00 à 1,25 m de hauteur, rouge vermillon ; 'Treasurer', 0,80 à 1,00 m de hauteur, lilas foncé. L'espèce *Aster novi-belgii* fut largement utilisée pour l'hybridation ; de nombreux cultivars, issus de croisements avec les *Aster dumosus*, *A. ericoides*, *A. lævis* et *A. novæ-angliæ*, sont disponibles. Parmi les cultivars proches de l'espèce botanique, nous pouvons citer : 'Crimson Broccade', 0,80 à 1,20 m de hauteur, à corolle à doubles rayons rouges ; 'Eventide', 0,90 à 1,00 m de hauteur, rayons semi-doubles bleu foncé à violets ; 'Marie Ballard', 0,80 à 1,00 m de hauteur, rayons doubles bleu foncé ;

Astilbe 'Elisabeth Bloom'

'Patricia Ballard', 0,80 à 0,90 m de hauteur, rayons rose lumineux; 'Royal Ruby', 0,90 à 1,00 m de hauteur, rayons semi-doubles rouge rubis; 'Winston Churchill', 0,60 à 0,80 m de hauteur, rayons rouges.

Astilbe spp.
Astilbes

Ce genre accueille un petit nombre d'espèces et un grand nombre de cultivars très précieux pour tous les jardins ornementaux. Au-dessus d'un feuillage découpé se dresse un panicule de petites fleurs roses, blanches ou rouges, selon les cultivars. En choisissant parmi les nombreux cultivars offerts, il est possible d'étaler les périodes de floraison et d'agencer les hauteurs et la couleur des inflorescences.

Rusticité : zone 4.

Hauteur : de 20 à 30 cm pour l'*Astilbe chinensis* var. *pumila* à 1,20 m pour certains cultivars d'*Astilbe thunbergii*; la majorité des inflorescences des cultivars offerts atteignent de 40 à 60 cm.

Étalement : de 25 à 35 cm.

Époque de floraison : de la mi-juin ou la fin juin pour les espèces à floraison hâtive à la fin d'août ou au début de septembre pour les astilbes à floraison très tardive.

Exposition : une situation ensoleillée à mi-ombragée.

Sol : une terre meuble, humifère et toujours fraîche.

Culture et utilisation : les astilbes conviennent à toutes les plates-bandes pour autant que le sol demeure frais et même humide durant la saison de croissance. Elles craignent la compétition avec le feutre racinaire des grands arbres. Après quelques années de culture, on conseille de diviser les souches ligneuses pour conserver une floraison abondante (distance de plantation : 30 à 50 cm selon les dimensions des cultivars à introduire).

Cultivars disponibles : un grand nombre de cultivars est offert dans les centres-jardins, on peut les choisir d'après la couleur de l'inflorescence, la hauteur et la période de floraison : 'Avalanche', fleurs blanches, 60 à 80 cm de hauteur, floraison à la mi-juillet; 'Bressingham Beauty', fleurs rose foncé, 80 à 90 cm de hauteur, floraison au début de juillet; 'Deutschland', fleurs blanches, 50 cm de hauteur; floraison à la mi-juin; 'Diamant', fleurs blanches, 60 cm de hauteur, floraison fin juin; 'Elisabeth Bloom', fleurs roses, 60 cm de hauteur, floraison à la mi-juillet (photo); 'Europa', fleurs rose pâle, 50 cm de hauteur, floraison à la mi-juin; 'Federsee', fleurs rose foncé, 70 cm de hauteur, floraison à la fin de juin; 'Montgomery', fleurs roses, 50 cm de hauteur, floraison au début de juillet; 'Ostrich Plume', fleurs rose pâle, 70 à 90 cm de hauteur, floraison à la mi-juillet; 'Peach Blossom', fleurs rose pâle, 60 cm de hauteur, floraison à la mi-juillet; 'Prof. Van der Weilen', 1 m de hauteur, floraison à la fin de juillet ou au début d'août; 'Purpulanze', fleurs rose pourpre, 1 m de hauteur, floraison au début d'août; 'Red Sentinel', fleurs rouge carminé, 70 cm de hauteur, floraison au début de juillet.

Campanula glomerata
Campanule agglomérée

Le genre *Campanula* accueille un grand nombre d'espèces de hauteurs variables. La campanule agglomérée est un plant de taille moyenne qui porte des glomérules denses de fleurs campanulées au sommet des tiges feuillées. Elle s'associe bien avec les lis asiatiques.

Rusticité : zone 3.

Hauteur : de 20 à 60 cm, selon les variétés et les cultivars.

Étalement : de 20 à 35 cm.

Époque de floraison : de la mi-juin à la fin de juillet.
Sol : une terre riche, meuble et toujours fraîche.
Culture et utilisation : en bordure d'une plate-bande ou à l'intérieur d'un massif (distance de plantation : 35 cm). Cette espèce redoute la sécheresse, un apport d'eau régulier est recommandé pour s'assurer la longévité de la floraison. Il faut se départir des fleurs fanées rapidement pour favoriser une seconde floraison.
Cultivars disponibles : la variété *acaulis* est une forme naine, haute de 15 à 20 cm, dont les fleurs bleu foncé surplombent le feuillage ; la variété *alba* arbore des fleurs blanches sur des tiges feuillées hautes de 30 à 40 cm ; la variété *dahurica* porte des fleurs bleu violacé sur des tiges hautes de 35 à 40 cm ; 'Crow of Snow', fleurs blanches, 40 cm de hauteur ; 'Joan Elliot', fleurs violet pourpre, 40 cm de hauteur ; 'Superba', fleurs bleu violacé sur des tiges atteignant 90 cm de hauteur.
Espèces apparentées : la campanule à fleurs laiteuses (*Campanula lactiflora*) est une espèce rustique (zone 5) de grande taille, de 1,20 à 1,80 m de hauteur et de 35 à 40 cm de diamètre, portant de nombreuses fleurs campanulées bleu pâle ou bleu lilas réunies en panicules au sommet des tiges feuillées. Quelques cultivars sont disponibles : 'Alba', fleurs blanches ; 'Loddon Anna', fleurs rose lilas ; 'Prichard's Variety', fleurs bleu violacé, plant compact de 50 à 70 cm de hauteur. Cette vivace croît en situation ensoleillée à légèrement ombragée, sur un sol meuble, moyennement fertile et frais. La campanule à fleurs de pêcher (*Campanula persicifolia*) est une espèce florifère très appréciée des amateurs. Rustique (zone 3b), cette campanule arbore à la fin de juin ou en juillet des fleurs en clochette, de 2 à 3,5 cm de diamètre, bleu lavande ou blanches, portées sur une hampe florale de 50 à 80 cm de hauteur. Plusieurs cultivars sont disponibles : 'Alba', fleurs blanches ; 'Blue Gardenia', fleurs doubles bleues ; 'Telham Beauty', grandes fleurs bleu pâle ; 'White Pearl', fleurs doubles blanches.

Chrysanthemum arcticum
Chrysanthème de l'Arctique

Il s'agit d'un chrysanthème rustique formant un coussin drageonnant de feuilles profondément découpées et qui porte une multitude de capitules à rayons rose foncé. La floraison très abondante cache le feuillage.
Rusticité : zone 2.
Hauteur : de 20 à 40 cm.
Étalement : de 40 à 60 cm.
Époque de floraison : de la fin d'août à la fin de septembre.
Exposition : une situation ensoleillée.
Sol : une terre meuble, modérément fertile et bien drainée.
Culture et utilisation : particulièrement intéressante pour fleurir tardivement la devanture d'une plate-bande ou garnir une rocaille (distance de plantation : 50 cm).
Espèce apparentée : si les chrysanthèmes du groupe ***morifolium*** sont peu rustiques sous notre latitude, l'amateur peut se procurer la marguerite d'automne (*Chrysanthemum x rubellum*), aussi connue sous le nom scientifique de *Dendranthema zawaskii*. Cette espèce et les nombreux cultivars maintenant disponibles fleurissent entre la fin août et la mi-octobre. Cette marguerite d'automne arbore de nombreux capitules aux fleurs tubulaires jaunes et aux fleurs ligulées blanches, roses, pourpres, jaunes, selon les cultivars, sur des hampes florales, plus ou moins rigides, de 35 à 80 cm de hauteur. Les cultivars disponibles : 'Clara

Curtiss', 35 à 70 cm de hauteur, aux rayons rose clair, floraison hâtive, légèrement envahissante par ses racines drageonnantes ; 'Marie Stoker', 35 à 60 cm de hauteur, rayons jaune cuivre, floraison tardive ; 'Duchess of Edinburgh', 50 à 60 cm de hauteur, rayons rouge cramoisi, floraison mi-saison ; 'Paul Boissier', 50 à 70 cm de hauteur, rayons cuivre, floraison mi-saison ; 'Weyrichii', 50 à 80 cm de hauteur, rayons cuivre foncé, floraison mi-saison.

Coreopsis verticillata
Coréopsis verticillé

Cette vivace forme une touffe buissonnante de feuilles à segments linéaires offrant une texture légère qui contraste bien avec les autres feuillages. Les capitules à rayons jaune vif à jaune pâle, de 4 à 5 cm de diamètre, sont portés au sommet du feuillage.
Rusticité : zone 3.
Hauteur : de 30 à 70 cm.
Étalement : de 40 à 50 cm.
Époque de floraison : de juin à la mi-septembre.
Exposition : une situation ensoleillée.
Sol : une terre meuble, moyennement fertile et très bien drainée.
Culture et utilisation : en massif ou en naturalisation. Ce coréopsis se multiplie facilement par semis ou par division des touffes tôt au printemps (distance de plantation : 40 à 50 cm). Cette vivace éphémère se ressème abondamment (assurant par ce moyen de reproduction sa pérennité) et s'échappe parfois du lieu de plantation.
Cultivars disponibles : 'Grandiflora' (syn. 'Golden Shower'), capitules jaunes, 50 à 70 cm de hauteur ; 'Moonbeam' (photo), capitules jaune pâle, 50 cm de hauteur ; 'Zagreb', plant compact de 30 à 40 cm de hauteur, capitules jaune vif.
Espèces apparentées : deux espèces assez proches sont également intéressantes : *Coreopsis grandiflora* et *C. lanceolata*. Le coréopsis à grandes fleurs (*C. grandiflora*) présente des capitules de 5 à 6 cm de diamètre, d'un jaune vif sur des hampes florales de 40 à 70 cm de hauteur. Le *Coeropsis lanceolata* produit également une multitude de capitules aux rayons jaune vif à jaune légèrement orangé. Plusieurs cultivars sont disponibles : 'Baby Gold', 30 à 40 cm de hauteur, ligules jaune vif ; 'Baby Sun', 30 à 40 cm de hauteur, ligules jaunes ; 'Early Sunrise', 40 à 50 cm de hauteur, fleurs hâtives jaunes ; 'Goldfink', plant compact de 25 cm de hauteur, fleurs jaune clair ; 'Sunburst', 60 à 80 cm de hauteur, fleurs doubles d'un jaune intense, cultivar très apprécié ; 'Sunray', 35 à 60 cm de hauteur fleurs doubles jaune vif.

Delphinium x hybrida
Pied-d'alouette

Toujours spectaculaires dans une association de vivaces, les pieds-d'alouette hybrides regroupent les séries **Belladona, Elatum** et **Pacific**. Les cultivars issus de ces groupes arborent de gros épis très majestueux dans les tons variés de bleu, de violet, de rose et de blanc.
Rusticité : zone 3b.
Hauteur : de 0,90 à 1,50 m.
Étalement : de 40 à 50 cm.
Époque de floraison : de la fin de juin à la fin de juillet.
Exposition : une situation ensoleillée.
Sol : une terre meuble, profonde, riche en matière organique, fertile et fraîche.
Culture et utilisation : un groupement de ces grands pieds-d'alouette apporte un accent particulier à une plate-bande (distance de plantation : 50 à 60 cm). En période de sécheresse, des arrosages réguliers et abondants sont conseillés. Le tuteurage des hampes florales prévient les bris causés par

les vents et les pluies. Les plants introduits dans une terre lourde et mal drainée sont sujets à certaines maladies fongiques.

Cultivars disponibles : 'Astolat', 1,50 m de hauteur, fleurs roses teintées de lilas ; 'Black Night', 1,50 m de hauteur, bleu foncé à bleu violacé ; 'Blue Bird', 1,35 m de hauteur, fleurs bleu moyen ; 'Blue Fountains', 0,80 à 0,90 m de hauteur, fleurs bleu pâle à bleu violacé ; 'Dwarf Blue Heaven', plant compact, 70 à 90 cm de hauteur, fleurs bleu pâle ; 'Dwarf Snow White', plant compact, 70 à 90 cm de hauteur, fleurs blanc pur ; 'Galahad', 1,35 m de hauteur, fleurs blanches ; 'Guinevère', 1,40 m de hauteur, fleurs rose violacé ; 'King Arthur', 1,50 m de hauteur, fleurs violettes ; 'Summer Skies', 1,45 m de hauteur, fleurs bleu clair.

Espèce apparentée : le delphinium de Chine (*Delphinium grandiflorum*) est une vivace éphémère, rustique (zone 3), très florifère à recommander à tous les amateurs recherchant une plante vivace à fleurs bleues. Elle porte des feuilles basilaires très découpées. La hampe florale très ramifiée se dresse vers la mi-juin et les fleurs d'un bleu moyen à bleu foncé se renouvellent jusqu'à la fin de juillet. Cette vivace préfère un sol meuble, moyennement fertile et bien drainé (distance de plantation : 40 à 50 cm). La reproduction par semis est facile.

Dianthus deltoides
Œillet à delta

Une petite vivace tapissante formant une touffe étalée d'où s'érige une multitude de fleurs d'à peine 1 à 2 cm de diamètre dans les teintes de rose pâle à rouge profond, selon les cultivars.

Rusticité : zone 3.

Hauteur : de 10 à 15 cm.

Étalement : de 10 à 15 cm.

Époque de floraison : débute fin mai par une abondante floraison et se poursuit de façon intermittente jusqu'en octobre.

Exposition : une situation ensoleillée à très légèrement ombragée.

Sol : une terre meuble, modérément fertile et bien drainée.

Culture et utilisation : cet œillet convient parfaitement aux rocailles ou en devanture d'une petite plate-bande (distance de plantation : 20 à 30 cm). Elle dépérit rapidement sur un sol lourd et mal drainé.

Cultivars disponibles : 'Albus', fleurs blanches ; 'Brilliant', fleurs rouge brillant (photo) ; 'Flashing Light', fleurs rose brillant ; 'Vampire', fleurs rouge sang ; 'Zing Rose', fleurs rose clair.

Espèce apparentée : il existe un grand nombre d'espèces et de cultivars intéressants pour la bordure ou la rocaille. Outre l'espèce déjà décrite, une autre apparaît fort utile dans les aménagements, le *Dianthus plumarius*. Issu de cette espèce botanique, le cultivar 'Spring Beauty' arbore des fleurs doubles blanches ou aux teintes de rose sur une hampe florale de 20 à 30 cm de hauteur. Le feuillage est bleuté ; la rusticité de ce cultivar est bonne (zone 3).

Dicentra 'Luxuriant'
Dicentre 'Luxuriant'
Ce dicentre hybride, de petite taille, au feuillage découpé donne une texture légère à associer à des feuillages plus grossiers. Il arbore tôt au printemps, et de façon régulière jusqu'à la fin de septembre, des racèmes de fleurs rose foncé.
Rusticité : zone 4b.
Hauteur : de 20 à 40 cm.
Étalement : de 25 à 35 cm.
Époque de floraison : de la fin de mai jusqu'à la fin de septembre.
Exposition : une situation ensoleillée à mi-ombragée.
Sol : une terre meuble, humifère et toujours fraîche.
Culture et utilisation : un dicentre parfait pour une devanture de plate-bande (distance de plantation : 35 cm). La plante tolère une exposition ensoleillée pourvu que le sol reste constamment frais ; des arrosages réguliers sont conseillés. Tôt au printemps, les vieilles souches de dicentres se prêtent à une division.
Espèce apparentée : le véritable cœur-saignant ou cœur-de-Marie est le *Dicentra spectabilis*. Cette plante vivace, rustique (zone 3), a un feuillage vert glauque découpé dont la texture gracieuse offre un contraste intéressant avec le feuillage des autres vivaces. À la fin de mai ou au début de juin, des hampes florales, de 0,50 à 0,80 m de hauteur, s'élèvent au-dessus du feuillage ; elles portent des racèmes de fleurs roses ou blanches, pour le cultivar 'Alba', en forme de cœur ouvert. Cette vivace exige un sol profond, au pH neutre à légèrement alcalin, riche en matière organique et toujours frais.

Echinacea purpurea
Rudbeckie pourpre
La rudbeckie pourpre, également connue sous le nom populaire de marguerite rose, est un incontournable dans une plate-bande. Les tiges feuillées portent des capitules à rayons roses ou blancs, selon les cultivars.
Rusticité : zone 3.
Hauteur : de 0,60 à 1,10 m.
Étalement : de 35 à 45 cm.
Époque de floraison : de la mi-juillet à la fin d'août.
Exposition : une situation ensoleillée.
Sol : une terre meuble, modérément fertile, profonde et bien drainée.
Culture et utilisation : dans toutes les plates-bandes. Les capitules de la rudbeckie pourpre s'associent bien avec les épis des liatris ou les panicules des phlox des jardins (distance de plantation : 40 à 50 cm).
Cultivars disponibles : 'Alba', 0,75 à 0,90 cm de hauteur, capitules à rayons

blancs autour d'un centre cuivre ; 'Bravado', 1,00 à 1,10 m de hauteur, capitules à rayons rose rougeâtre, plant très florifère ; 'Bright Star', 0,80 à 1,00 m de hauteur, capitules à rayons rose légèrement violacé ; 'Magnus', 0,90 à 1,00 m de hauteur, larges capitules à rayons rose foncé.

Erigeron x hybridus
Érigéron des jardins

Les cultivars issus d'hybridations à partir de l'*Erigeron speciosus* ressemblent à des asters de petite taille à floraison estivale. Très florifère, cette plante buissonnante laisse voir une multitude de petits capitules de 3 à 4 cm de diamètre dont les fleurs ligulées (les rayons) montrent des couleurs variées allant du rose pâle au bleu violacé autour d'un centre jaune.
Rusticité : zone 4b.
Hauteur : de 40 à 60 cm.
Étalement : de 35 à 45 cm.
Époque de floraison : du début de juin à la mi-juillet.
Exposition : une situation ensoleillée.
Sol : une terre meuble, modérément fertile et bien drainée.
Culture et utilisation : les compositions florales des massifs et des plates-bandes (distance de plantation : 40 à 50 cm) sont bonifiées par l'abondante floraison des érigérons où ils se prêtent à de nombreuses associations. La division des touffes s'effectue au printemps. Des arrosages réguliers favorisent le prolongement de la floraison.
Cultivars disponibles : 'Azure Fairy', 50 cm de hauteur, capitules à rayons bleu lavande au centre jaune ; 'Darkest of All', 50 cm de hauteur, capitules à rayons bleu violacé ; 'Macranthus', 45 cm de hauteur, capitules à rayons rose lavande ; 'Pink Jewell', 50 à 60 cm de hauteur, capitules roses ; 'Prosperity', 50 cm de hauteur, capitules bleu violacé.

Helenium autumnale
Hélénie d'automne

L'espèce botanique et les cultivars issus de celle-ci sont de grandes plantes herbacées portant à la fin de l'été un grand nombre de capitules de 3 à 4 cm de diamètre. Les coloris sont variables mais restreints à des teintes chaudes de jaune, d'orange et de rouge. Cette vivace assure une transition fleurie entre la floraison des vivaces estivales et celles des vivaces à floraison automnale :

Aster, Chrysanthemum, Sedum, Solidago, etc.
Rusticité : zone 3.
Hauteur : de 0,80 à 1,50 m.
Étalement : de 50 à 70 cm.
Époque de floraison : du début d'août à la mi-septembre.
Exposition : une situation ensoleillée.
Sol : une terre meuble, modérément fertile et bien drainée.
Culture et utilisation : une vivace fortement conseillée pour les grands massifs ou les plates-bandes (distance de plantation : 50 à 80 cm). De culture facile, cette plante n'est pas affectée par des ravageurs. En période de sécheresse ; l'hélénie d'automne peut être affectée par l'oïdium (*Erysiphe cichoracearum*) ; des traitements antifongiques préventifs peuvent être utiles. La division des touffes s'effectue l'automne ou tôt au printemps.
Cultivars disponibles : la diffusion de nouveaux hybrides développés en Allemagne favorisera l'engouement pour cette vivace. Parmi ceux-ci : 'Moerhcin Beauty', 80 à 90 cm de hauteur, capitules à rayons rouge cuivre au centre foncé ; 'Fiery Wheel' (syn. 'Flammenrad'), 1,40 m de hauteur, capitules jaunes et rouge cuivré ; 'Canary', 1,10 m de hauteur, capitules jaune vif ; 'Cymbal Star' (syn. 'Zimbelstern'), 1,00 m de hauteur, capitules à rayons jaune orangé au centre rougeâtre.

Hemerocallis x hybrida
Hémérocalles

Appelées lis d'un jour, les hémérocalles sont appréciées pour leur culture facile, leur longue vitalité et leur floraison prolongée. Exempte de maladies et de ravageurs, cette vivace est surnommée la vivace parfaite. Les espèces botaniques ont laissé place à de magnifiques hybrides aux coloris variés.
Rusticité : zone 3.
Hauteur : de 40 cm à 1,00 m, selon les espèces et les cultivars.
Étalement : de 40 à 70 cm, selon les espèces et les cultivars.
Époque de floraison : la période de floraison varie selon les cultivars et on remarque des hémérocalles à floraison hâtive (débutant à la mi-juin) jusqu'à des hémérocalles à floraison très tardive (débutant vers la mi-août) ; quelques cultivars peuvent fleurir pendant une grande partie de la saison de croissance (floraison continue).
Exposition : une situation ensoleillée ou très légèrement ombragée.
Sol : une terre meuble, riche en matière organique et bien drainée.
Culture et utilisation : dans un massif ou des plates-bandes mixtes, les hémérocalles s'associent bien avec tous les végétaux d'ornement (distance de plantation : de 40 cm pour les cultivars nains à 70 cm pour les grands plants). Cette vivace tolère les sols légers et secs, mais au détriment de la floraison.

Cultivars disponibles : très populaires, les cultivars à la floraison continue 'Stella de Oro', 'Mini Stella' et 'Tetraploid Stella de Oro' proposent des plants nains de 30 à 45 cm de hauteur et des fleurs aux coloris chauds, jaune moyen à jaune orangé. Des centaines d'autres cultivars sont offerts; le choix est vaste autant par la forme des fleurs que par les coloris de la corolle. Mes choix se portent sur 'American Revolution', 70 cm de hauteur, fleurs rouge bordeaux à gorge jaunâtre; 'Ben Arthur Davis', 80 cm de hauteur, grandes fleurs rose très pâle; 'Cedar Waxwing', 90 cm de hauteur, fleurs rose orchidée; 'Chicago Firecracker', 70 cm de hauteur, fleurs aux segments rouge vif à gorge verdâtre; 'Chicago Petticoats', 60 cm de hauteur, grandes fleurs rose corail à pétales aux bords ondulés; 'Gentle Shepperd', 60 cm de hauteur, fleurs d'un blanc crème; 'Kindly Light', 80 cm de hauteur, grandes fleurs de type araignée jaune moyen; 'Little Business', 35 à 40 cm de hauteur, fleurs rose violacé (photo); 'Pink Damas', 90 cm de hauteur, fleurs vieux rose; 'Summer Wine', 80 cm de hauteur, fleurs rose violacé à gorge jaune orangé; 'Siloam Ury Winniford', 50 cm de hauteur, fleurs crème avec large anneau pourpre encerclant une gorge verdâtre.

X Heucherella alba
'Bridget Bloom'

Cette vivace est le résultat d'un croisement entre les genres *Heuchera* et *Tiarella*. Elle forme un coussin de feuilles vert tendre ressemblant à de petites feuilles d'érable. Les petites fleurs rose pâle sont groupées en une grappe lâche qui s'érige au-dessus du feuillage.

Rusticité : zone 4b.
Hauteur : les inflorescences atteignent de 30 à 40 cm.
Étalement : de 25 à 35 cm.
Époque de floraison : fin mai ou début juin et une certaine remontance en septembre.
Exposition : une situation mi-ombragée et tolère un emplacement ensoleillé pourvu que le sol demeure toujours frais.
Sol : un sol humifère, riche en matière organique et toujours frais.
Culture et utilisation : tout comme les nombreuses espèces d'heuchères et de tiarelles, cet hybride est particulièrement intéressant dans une plate-bande mi-ombragée (distance de plantation : 30 à 35 cm). Des arrosages réguliers sont recommandés.

Espèces apparentées : l'*X Heucherella tiarelloides* est une espèce très proche qui se distingue par ses feuilles aux lobes plus arrondis et aux nervures pourprées. Les fleurs réunies en grappe lâche sont d'un rose plus foncé. L'heuchère sanguine (*Heuchera sanguinea*) et les nombreux cultivars issus d'*Heuchera x brizoides* sont parfaits pour la bordure d'une plate-bande. De leur feuillage s'élèvent, sur une hauteur de 30 à 50 cm, des panicules de petites fleurs rouges ou roses, selon les cultivars. Plusieurs cultivars sont offerts : 'Bressingham Hybrids', fleurs roses à rouges; 'Coral Cloud', fleurs rose corail; 'Firebird', fleurs rouge intense; 'Snowflake', fleurs blanches; 'White Cloud', fleurs blanches. Le cultivar 'Palace Purple' (rattaché à l'espèce *Heuchera micrantha*) porte un feuillage très décoratif d'un pourpre chocolaté.

Hibiscus moscheutos
Ketmie palustre

Cette jolie vivace au port buissonnant, à la croissance tardive, devient à la mi-août une plante vedette dans un aménagement paysager. C'est à cette époque que les grosses fleurs, de 10 à 15 cm de diamètre, blanches, rose pâle ou rouges, s'épanouissent.

Rusticité : zone 5.

Hibiscus moscheutos 'Southern Belle'

Hauteur : de 0,80 à 1,20 m.
Étalement : de 1,00 à 1,20 m.
Époque de floraison : de la mi-août à la mi-octobre.
Exposition : une situation ensoleillée.
Sol : une terre meuble, profonde, riche en matière organique et toujours fraîche.
Culture et utilisation : cet hibiscus vivace gèle jusqu'au sol même avec une protection hivernale ; le printemps suivant, de nouvelles tiges s'élèvent très tardivement du sol. La plante exige alors une fertilisation régulière et de fréquents arrosages (distance de plantation : 1,20 m).
Cultivars disponibles : 'Disco Belle', fleurs blanches, rouges ou de couleurs variées, 50 à 90 cm de hauteur ; 'Lord Baltimore', 1,20 à 1,50 m de hauteur, fleurs rouge vif ; 'Southern Bell' (photo), 1,00 à 1,20 m de hauteur, fleurs blanches, rose pâle ou rouges.

Hosta spp.
Hostas

Les hostas sont d'un grand intérêt dans la réalisation de plates-bandes mixtes. Leur feuillage décoratif et, dans certains cas, leurs inflorescences, s'associent avec la majorité des plantes ornementales. Il existe un grand nombre de cultivars de tailles diverses et aux coloris des feuillages très différenciés.
Rusticité : zone 3.
Hauteur : variable selon les cultivars, entre 20 cm pour les plants nains à plus de 60 cm pour les hostas de grande taille.
Étalement : variable selon les cultivars, entre 20 cm pour les cultivars nains à 1,20 m pour les grands hostas.
Époque de floraison : de juillet à la mi-août.
Exposition : la majorité des hostas demandent une situation mi-ombragée, certains tolèrent un ombrage plus dense et d'autres une situation pleinement ensoleillée.
Sol : une terre meuble, riche en matière organique et bien drainée.
Culture et utilisation : la culture des hostas est facile. Ces plantes préfèrent un emplacement légèrement à mi-ombragé pour conserver tout l'éclat du coloris de leur feuillage. C'est le cas des cultivars aux feuillages vert profond ou bleus qui prospèrent mieux dans des milieux ombragés (distance de plantation : de 25 cm pour les hostas nains à plus de 1,20 m pour les grands spécimens). Les limaces sont des ravageurs difficiles à éradiquer ; le meilleur moyen de s'en débarrasser demeure les appâts empoisonnés.
Cultivars disponibles : parmi les centaines de cultivars offerts, je suggère : *Hosta sieboldiana* 'Elegans', plant de 65 cm de hauteur et de 80 cm de diamètre, feuilles cordées d'un bleu glauque ; 'August Moon', plant de 45 cm de hauteur et de 65 cm de diamètre, feuilles arrondies-cordées au limbe vert jaunâtre à jaune ; 'Blue Mammoth', plant de 60 cm de hauteur et de 90 cm de diamètre, feuilles cordées de couleur bleu moyen ; 'Carol', plant de 50 cm de hauteur et de 90 cm de diamètre, feuilles cordées au limbe vert foncé bordé de blanc crème ; 'Francee', plant de 60 cm de hauteur et de 90 cm de diamètre, feuilles cordées au limbe vert foncé ourlé de blanc crème ; 'France Williams', plant de 55 cm de hauteur et de 1,20 m de diamètre, feuilles cordées au limbe vert bleuté orné d'une marge jaune crème ; 'Gold Standard', plant de 40 cm de hauteur et de 80 cm de diamètre, feuilles cordées au limbe vert jaunâtre vieillissant vers un jaune verdâtre bordé de vert ; 'Golden Tiara', plant de 35 cm de hauteur et de 55 cm de diamètre, feuilles ovées-cordées au limbe de couleur vert moyen bordé de jaune ; 'Hadspen Blue', plant de 20 cm de hauteur et de 35 cm de

diamètre, feuilles ovales-cordées au limbe bleu ; 'Halcyon', plant de 30 cm de hauteur et de 50 cm de diamètre, feuilles plutôt ovales de couleur bleu franc ; 'Sum and Substance', plant de 75 cm de hauteur et de 1,20 m de diamètre, feuilles cordées au limbe de couleur jaune vif au moment de la feuillaison, puis vieillissant vers le jaune verdâtre.

Iris ensata
Iris japonais
Moins connu, l'iris japonais mérite un essai dans une plate-bande au sol lourd et mal drainé où il se plaît. Il porte des fleurs simples ou doubles selon les cultivars avec des segments généralement plus larges, arrondis et étalés. La gamme de coloris des fleurs des nombreux cultivars offerts est assez étendue ; on trouve des fleurs aux segments pourpres, bleus, blanc pur, nuancés de rose ou de violet.
Rusticité : zone 4b.
Hauteur : de 60 à 90 cm.
Étalement : de 30 à 40 cm.
Époque de floraison : selon les cultivars, du début de juillet au début d'août.
Exposition : une situation ensoleillée.
Sol : une terre de jardin, plutôt lourde et préférablement humide.
Culture et utilisation : ces iris ne supportent pas les sols calcaires et ne croissent bien qu'en sol légèrement acide et constamment saturé d'eau. Ils supportent une terre de jardin meuble pourvu qu'ils bénéficient d'arrosages abondants et fréquents (distance de plantation : 30 à 45 cm). Une fertilisation régulière donne de la vigueur aux plants.
Cultivars disponibles : parmi les quelques cultivars offerts dans les entreprises spécialisées, je suggère : 'Chigokesho', fleurs doubles aux segments blancs striés de rose ; 'Geisha Obi', grandes fleurs aux segments d'un rouge pourpre striés de blanc ; 'Gracieuse', grandes fleurs aux segments blancs bordés de lilas ; 'Lasting Pleasure', fleurs aux segments blancs veinés de rouge ; 'Lavender Krinkle', floraison hâtive, fleurs aux segments lavande avec un halo blanchâtre ; 'Purple Parasol', fleurs doubles aux segments pourpres ondulés, floraison tardive ; 'Sapphire Star', fleurs simples aux segments rose lavande et bleu lavande ; 'Temple Maiden', fleurs simples aux segments bleu lavande.

Iris sibirica
Iris de Sibérie
Les iris de Sibérie offrent une solution de rechange intéressante aux iris des jardins (*Iris x germanica*) qui souffrent grandement des ravages causés par le perceur des rhizomes de l'iris. Ces iris arborent une touffe de longues feuilles très étroites, dressées, d'où s'élèvent des hampes florales ramifiées de trois à cinq fleurs. Les fleurs sont généralement plus petites et délicates que celles des iris des jardins. Les nouveaux cultivars offrent des coloris assez variés et certains portent des fleurs bicolores.

Rusticité : zone 3.
Hauteur : de 50 à 90 cm pour la hampe florale, moindre pour le feuillage.
Étalement : de 25 à 30 cm.
Époque de floraison : de la mi-juin à la mi-juillet.
Exposition : une situation ensoleillée ou très légèrement ombragée.
Sol : ces iris préfèrent un sol riche en humus et frais.
Culture et utilisation : la culture des iris de Sibérie est facile. Cette plante n'exige pas un sol particulier mais redoute les sols sablonneux au drainage excessif (distance de plantation : 30 à 35 cm). Elle tolère une terre humide ou un emplacement légèrement inondé au printemps.
Cultivars disponibles : parmi les nombreux cultivars offerts, je suggère : 'Butter and Sugar', plant de 65 cm de hauteur, fleurs à étendards blancs et à sépales retombants jaune pâle (photo) ; 'Crème Chantilly', plant de 85 cm de hauteur, fleurs aux segments blanc crème à sépales ondulés ; 'Dance Ballerina Dance', plant de 80 cm de hauteur, fleurs aux étendards blanc rosé et à sépales retombants rose lavande ; 'Ego', plant de 75 cm de hauteur, larges fleurs aux segments bleu moyen ; 'Pink Haze', plant de 80 cm de hauteur, fleurs aux segments rose lavande ; 'Ruffled Velvet', plant de 60 cm de hauteur, fleurs rondes aux segments ondulés violet foncé ; 'Silver Edge', plant de 70 cm de hauteur, fleurs aux segments bleu moyen avec bordure argentée.

Ligularia przewalskii
Ligulaire

Une grande vivace qui, au moment de la floraison, prend la vedette dans une platebande. Son feuillage très découpé arbore un port buissonnant d'où s'élèvent de grands épis de petits capitules aux rayons jaune vif.
Rusticité : zone 4.
Hauteur : de 1,20 m à 1,50 m pour la hampe florale, de 50 à 70 cm pour le feuillage.
Étalement : de 60 à 75 cm.
Époque de floraison : de la mi-juillet à la mi-août.
Exposition : une situation ensoleillée à mi-ombragée.
Sol : une terre moyennement fertile, meuble

et toujours fraîche.
Culture et utilisation : dans une platebande mixte ou un massif, en bordure d'un bassin d'eau (distance de plantation : 60 à 80 cm). Cette espèce tolère mal un sol sec et peu fertile ; la floraison est grandement diminuée en période de sécheresse. Son feuillage s'associe bien avec ceux des pigamons (*Thalictrum spp.*), des iris (*Iris spp.*) ou des géraniums (*Geranium spp.*).
Espèces apparentées : la *Ligularia stenocephala* 'The Rocket' est très similaire à la *L. przewalskii* et ne s'en distingue que par ses feuilles triangulaires. La ligulaire dentée (*Ligularia dentata*) est une autre espèce intéressante pour ses feuilles cordiformes et son inflorescence aplatie de petits capitules à rayons jaune orangé pour les cultivars 'Desdemona' et 'Othello'.

Lupinus x hybridus
Lupin hybride

Les nouveaux cultivars de lupins sont des croisements de *Lupinus polyphyllus* et de certaines espèces annuelles. Ils arborent de longs épis bien rigides aux fleurs de coloris variés selon les cultivars. Le feuillage des lupins, composé de 5 à 9 folioles digitées, est fort décoratif et s'associe bien avec les autres vivaces.
Rusticité : zone 3.
Hauteur : la hampe florale atteint de 0,60 à 1,00 m ; la touffe de feuilles, de 40 à 60 cm.

Étalement : de 35 à 45 cm.
Époque de floraison : du début à la fin de juin.
Exposition : une situation ensoleillée.
Sol : une terre meuble, moyennement fertile, profonde, légère, au pH neutre ou légèrement acide et bien drainée.
Culture et utilisation : une plante de massif qui demande un sol pas trop fertile (on évitera les apports massifs de compost ou les engrais azotés). Les lupins préfèrent un climat frais et légèrement humide (distance de plantation 40 à 50 cm).
Cultivars disponibles: plusieurs cultivars sont offerts. Outre les hybrides des séries **Gallery** et **Russell**, les amateurs pourront se procurer : 'La Châtelaine', fleurs bicolores rose et blanc ; 'La Demoiselle', fleurs bicolores blanc et crème ; 'le Chandelier', fleurs jaune pâle ; 'le Gentilhomme', fleurs bicolores bleu et blanc ; 'Les Pages', fleurs rouge carmin ; 'Mon Château', fleurs rouge foncé.

Malva moscheta
Mauve musquée

Cette vivace qui ornait les parterres de nos grands-parents connaît un regain de popularité auprès des amateurs. Bien qu'éphémère, la mauve musquée est grandement appréciée pour son abondante floraison. Les fleurs satinées, à cinq pétales rose pâle, sont réunies au sommet des tiges feuillées.

Rusticité : zone 3.
Hauteur : de 50 à 80 cm.
Étalement : de 35 à 45 cm.
Époque de floraison : de juin à la fin d'août.
Exposition : une situation ensoleillée ou légèrement ombragée.
Sol : une terre meuble, moyennement fertile, préférablement riche en matière organique et bien drainée.
Culture et utilisation : une vivace convenant autant à un massif d'annuelles qu'à une plate-bande mixte de vivaces (distance de plantation : 40 à 50 cm). La mauve musquée se multiplie facilement par semis. C'est une vivace éphémère qu'il faut replanter tous les deux ou trois ans.

Cultivar disponible : le cultivar 'Alba' produit des plants à fleurs blanches.
Espèces apparentées : la *Malva sylvestris ssp. mauritiana* porte une multitude de fleurs rose violacé rayées pour les cultivars 'Bibor Fehlor' et 'Zebrina'. C'est une annuelle qu'il faut ressemer. Bien que la lavatère vivace (*Lavatera thuringiaca*) ne soit pas à proprement parler une espèce du genre *Malva*, son aspect général est très ressemblant. Cette vivace rustique (zone 4) porte des tiges feuillées ramifiées arborant de longs épis de fleurs rose clair identiques à la mauve musquée.

Monarda didyma
Monarde

Cette plante vivace aux feuilles aromatiques est également appelée thé d'Oswego. Les fleurs tubulaires roses, blanches ou rouges, selon les cultivars, sont réunies en glomérules denses au sommet des tiges feuillées.
Rusticité : zone 3.
Hauteur : de 45 à 120 cm.
Étalement : de 40 à 55 cm.
Époque de floraison : du début de juillet à la mi-août.
Exposition : une situation ensoleillée.
Sol : une terre meuble, moyennement fertile et fraîche.
Culture et utilisation : parfaite pour les plates-bandes au sol frais et légèrement humide (distance de plantation : 50 à 60 cm). La monarde craint les sols sablonneux et secs où sa croissance et sa floraison sont grandement réduites. Des conditions de culture inadéquates (manque de soleil, période de sécheresse) la rendent sensible à l'oïdium. Des traitements antifongiques préventifs sont parfois requis.
Cultivars disponibles : plusieurs cultivars sont offerts : 'Adam', plant de 70 à 90 cm de hauteur, fleurs rouge clair ; 'Blue Stocking', plant de grande taille, de 90 à 120 cm de hauteur, fleurs violet pâle ; 'Cambridge Scarlet', 60 à 80 cm de hauteur, fleurs rouge écarlate ; 'Croftway Pink', 60 à 90 cm de hauteur, rose pâle ; 'Marshall's Delight', cultivar plus résistant au mildiou, 60 à 75 cm de hauteur, rose pâle ; 'Pink Tourmaline', plant assez résistant au mildiou, 45 à 60 cm de hauteur, rose ; 'Red Pagoda', 60 à 75 cm de hauteur, rouge vif ; 'Snow White', 60 à 90 cm de hauteur, fleurs blanches.

Nepeta x faassenii
Népéta

Cette espèce est un croisement entre les *Nepeta nepetella* et *N. racemosa:* elle est aussi connue sous le nom scientifique de *N. mussinii*. Cette plante forme une touffe étalée de tiges feuillées vert argenté. Les fleurs bilabiées de couleur lavande sont groupées en épis au sommet des tiges feuillées.
Rusticité : zone 4.
Hauteur : de 20 à 30 cm.

Étalement : de 35 à 45 cm.
Époque de floraison : du début de juin à la mi-juillet.
Exposition : une situation ensoleillée.
Sol : une terre meuble, légère et bien drainée.
Culture et utilisation : cette népéta étalée convient autant à une devanture de plate-bande qu'à une rocaille ou aux anfractuosités d'un muret sec ou d'une allée de pierres plates (distance de plantation : 40 cm). Cette vivace dépérit rapidement dans un sol lourd et mal drainé.
Cultivars disponibles : 'Blue Wonder', fleurs bleues ; 'Dropmore', plant très florifère, fleurs lavande rosé ; 'Grandiflora', floraison prolongée ; 'White Wonder', fleurs blanches. Le cultivar 'Six Hills Giant' est remarquable par sa taille : de 70 à 80 cm de hauteur pour ses hampes florales et de 45 à 60 cm de diamètre.

Œnothera speciosa
Œnothère rose

La majorité des espèces du genre *Œnothera* portent des fleurs jaunes, mais cette espèce arbore de jolies fleurs ouvertes de rose vif à rose pâle. Chaque fleur ne dure qu'une journée et se fane à la brunante, mais heureusement la floraison se poursuit assez longtemps.
Rusticité : zone 5 et possiblement 4.
Hauteur : cette vivace s'étale plus qu'elle ne s'élève ; la hampe florale feuillée s'érige sur 15 à 20 cm.
Étalement : de 25 à 30 cm.
Époque de floraison : du début de juin à la fin de juillet avec une certaine remontance par la suite.
Exposition : une situation ensoleillée.
Sol : une terre meuble, moyennement fertile et bien drainée.
Culture et utilisation : une excellente plante pour la bordure d'un massif ou la façade d'une plate-bande et également intéressante pour une rocaille (distance de plantation : 35 à 40 cm). Elle redoute les sols lourds et mal drainés.
Espèces apparentées : les espèces *Œnothera fruticosa* et *O. tetragona* portent des fleurs jaune vif sur des tiges feuillées s'élevant sur 40 à 60 cm. Les rosettes de feuilles drageonnent rapidement pour former un tapis assez dense. Plusieurs cultivars sont disponibles : 'Fireworks', 50 cm de hauteur, boutons floraux teintés de rouge, fleurs jaune vif, plant très florifère ; 'Youngii', 45 cm de hauteur, fleurs jaune vif, feuillage prenant une coloration rougeâtre à l'automne.

Paeonia lactiflora
Pivoines

Les pivoines herbacées sont appréciées depuis fort longtemps pour leur longévité ; certaines poussent et fleurissent au même endroit pendant une trentaine d'années. Les anciennes variétés cultivées dans les jardins de nos grands-parents portaient de grandes fleurs doubles qui s'affaissaient souvent sous leur poids. Depuis quelques années, les hybrideurs ont produit de nouveaux cultivars aux tiges florales nettement plus robustes. Outre les jolis cultivars à fleurs doubles, on trouve aussi des pivoines à fleurs simples, à fleurs de type japonaise, à fleurs d'anémone, à fleurs semi-doubles et fleurs à couronne. La gamme des coloris est également très variée.
Rusticité : zone 3.
Hauteur : de 60 à 90 cm.
Étalement : de 60 à 70 cm.
Époque de floraison : du début de juin à la mi-juillet.
Exposition : une situation ensoleillée.
Sol : une terre profonde, moyennement fertile et bien drainée.
Culture et utilisation : une plante de

massif à planter isolée ou en groupe de trois à cinq dans un large massif (distance de plantation : 70 à 80 cm). La préparation du sol est importante pour que les racines tubérisées trouvent un milieu de croissance adéquat pour cette plante longévive. On travaille le sol sur une profondeur et un diamètre de 50 à 60 cm et on y incorpore une bonne couche de fumier composté et un engrais granulaire. Les racines des pivoines seront recouvertes, de 8 à 10 cm, d'un terreau riche en fumier composté.

Cultivars disponibles : parmi les nombreux cultivars disponibles, voici mes suggestions : 'America', plant de 60 à 70 cm de hauteur, fleurs simples, rouge intense ; 'Bowl of Beauty', plant de 70 à 80 cm de hauteur, fleurs de type japonaise, rose moyen ; 'Bowl of Cream', 70 à 80 cm de hauteur, fleurs doubles blanc crème ; 'Coral Charm', 90 à 100 cm de hauteur, fleurs semi-doubles rose corail ; 'Festiva Maxima', 80 à 90 cm de hauteur, fleurs doubles blanches ; 'Gay Paree', 80 cm de hauteur, fleurs de type japonaise, roses ; 'Illini Warrior', 80 à 90 cm de hauteur, fleurs simples d'un rouge intense ; 'Moonrise', 70 cm, fleurs simples, jaune pâle ; 'Ruslight' (photo), 60 à 80 cm de hauteur, fleurs de type japonaise, blanc crème ; 'Vivid Rose', 70 cm de hauteur, fleurs doubles, rose moyen.

Espèce apparentée : l'espèce *Pæonia officinalis* n'est guère cultivée dans nos jardins ; par contre, les cultivars issus de celle-ci, 'Alba Plena' à fleurs doubles blanches, 'Rosea Superba Plena' à fleurs doubles rose moyen et 'Rubra Plena' à fleurs doubles rouge intense, sont toujours populaires.

Papaver orientale
Pavot d'Orient

Ce grand pavot fascine nombre d'amateurs pour ses grandes fleurs de 10 à 15 cm de diamètre dont la texture rappelle celle du papier crépon. Chaque fleur est des plus éphémères : elle s'ouvre et se fane dans les 48 heures. Les coloris des corolles vont du blanc pur au rouge cramoisi, du rose pâle à l'orange.

Rusticité : zone 3.

Hauteur : la hampe florale atteint de 60 à 90 cm.

Étalement : de 30 à 40 cm.

Époque de floraison : juin.

Exposition : une situation ensoleillée.

Sol : une terre moyennement fertile, préférablement légère (plutôt sablonneuse) et bien drainée.

Culture et utilisation : la gracieuse floraison de cette plante orne magnifiquement une plate-bande ou un massif (distance de

plantation : 35 à 45 cm). Ces pavots redoutent les sols lourds et mal drainés. Les racines charnues pivotantes s'enfoncent profondément dans le sol, c'est pour cette raison que les pavots d'Orient sont difficiles à déplacer. Ils se multiplient facilement par semis. Le feuillage des pavots orientaux disparaît après la floraison ; on recommande de les associer avec des plantes qui fleurissent à la fin de l'été ou l'automne (asters ou anémones d'automne).

Cultivars disponibles : 'Allegro', 50 à 60 cm de hauteur, fleurs rouge vif ; 'Beauty of Livermere', 90 cm de hauteur, fleurs rouge cramoisi marquées de noir à la base des pétales ; 'Brillant', 60 à 80 cm de hauteur, fleurs rouge intense ; 'Goliath', 80 cm de hauteur, larges fleurs rouge écarlate ; 'Helen Elisabeth', 60 à 80 cm de hauteur, rose saumoné ; 'Marcus Perry', 80 cm de hauteur, orange écarlate ; 'Mrs Perry', 60 cm de hauteur, rose saumoné pâle ; 'Perry's White', 80 cm de hauteur, fleurs d'un blanc pur ; 'Princess Victoria Louise', 70 cm de hauteur, roses au cœur noirâtre ; 'Water Melon', 70 cm de hauteur, rose melon d'eau.

Espèce apparentée : le pavot d'Islande (*Papaver nudicaule*) est une espèce de petite taille, particulièrement rustique (zone 2), très utile en bordure des plates-bandes ou en rocaille. La touffe de feuilles découpées voit s'élever une ou des hampes florales, de 25 à 30 cm de hauteur, arborant une fleur solitaire jaune pour l'espèce botanique, de 6 à 8 cm de diamètre. Plusieurs cultivars sont offerts : 'Champagne Bubbles', hampe florale de 30 à 40 cm de hauteur, aux larges fleurs rouges, jaunes, orange et abricot de 10 à 12 cm de diamètre ; 'Sparkling Bubbles', hampe florale de 30 à 40 cm de hauteur, aux larges fleurs de coloris pastel ; 'Wonderland', plant compact de 20 à 25 cm de hauteur, aux fleurs blanches, jaunes, rouges et orange.

Phlox maculata
Phlox maculé

Originaire de l'est des États-Unis, ce phlox est une espèce proche des phlox des jardins (*Phlox paniculata*). Il s'en distingue par sa taille plus petite et sa floraison plus hâtive. Il présente une assez bonne résistance à l'oïdium (blanc). Les fleurs sont réunies en panicules terminales.

Rusticité : zone 4b.

Hauteur : de 70 à 90 cm.

Étalement : de 40 à 50 cm.

Époque de floraison : de la fin de juin à la fin de juillet.

Exposition : une situation ensoleillée ou légèrement ombragée.

Sol : une terre moyenne fertile, fraîche et bien drainée.

Culture et utilisation : son inflorescence s'associe bien avec les autres fleurs d'une plate-bande ou d'un massif (distance de plantation : 50 cm). Des arrosages réguliers évitent un stress hydrique susceptible de

favoriser le développement de l'oïdium.
Cultivars disponibles : 'Alpha', 90 à 100 cm de hauteur, fleurs rose lilas ; 'Miss Lingard' (photo), 70 à 90 cm de hauteur, fleurs d'un blanc pur ; 'Omega', 60 à 80 cm de hauteur, fleurs à œil lilas ; 'Rosalinde', floraison prolongée, 90 à 110 cm de hauteur, fleurs rose moyen.
Espèce apparentée : le phlox paniculé (*Phlox paniculata*) ou phlox des jardins est une espèce très florifère des plus appréciées pour sa floraison mi-estivale. Cette vivace rustique (zone 4) croît en touffes de 0,70 à 1,20 m de hauteur. Les fleurs de couleurs très variées selon les cultivars se développent, au sommet des tiges feuillées, sur des panicules ramifiées de forme généralement arrondie. Ce phlox requiert un sol profond, humifère, bien drainé et toujours frais ; une exposition ensoleillée est exigée. Il faut respecter l'espacement entre les plants (60 à 80 cm) pour ne pas favoriser indûment le développement d'oïdium ou blanc (*Peronspora phlogina* et *Erysiphe cichoracearum*). Des traitements antifongiques sont recommandés pour protéger les cultivars les plus sensibles. De nombreux cultivars sont disponibles : 'Admiral', 1 m de hauteur, fleurs d'un blanc pur, cultivar sensible au mildiou ; 'Aida', 60 cm de hauteur, fleurs carmin foncé à œil pourpre ; 'Amethyst', 80 cm de hauteur, fleurs d'un bleu très pâle ; 'Blue Boy', 80 cm de hauteur, fleurs bleues ; 'Brigadier', 80 cm de hauteur, fleurs saumon à œil rouge ; 'Bright Eyes', 80 cm de hauteur, fleurs roses à œil rouge ; 'Caroline Van Den Berg', 80 cm de hauteur, fleurs bleu lavande ; 'Cecil Hambury', 80 cm de hauteur, fleurs saumon orangé à œil rouge foncé ; 'Elisabeth Arden', 1 m de hauteur, fleurs rose pâle à œil rose foncé ; 'Europa', 80 cm de hauteur, fleurs blanches à œil rouge carmin ; 'Mount Fujiyama', 80 cm de hauteur, fleurs d'un blanc pur ; 'Orange Perfection', 60 cm de hauteur, fleurs orange foncé ; 'Otley', 60 cm de hauteur, fleurs roses à rouge carminé, cultivar possédant une très bonne résistance au blanc ; 'Prime Minister', 70 cm de hauteur, fleurs blanches à œil rouge ; 'Sandra', 60 cm de hauteur, fleurs orange teinté de rouge ; 'Starfire', 90 cm de hauteur, fleurs orange écarlate ; 'Windsor', 80 cm de hauteur, fleurs orange saumon, cultivar possédant une très bonne résistance au blanc.

Platycodon grandiflorus
Platycodon

Cette jolie vivace, communément appelée « la campanule à grandes fleurs », offre une assez grande ressemblance avec les grandes campanules. Les fleurs en forme de clochette ouverte de 5 à 6 cm sont groupées au sommet des tiges feuillées.
Rusticité : zone 3b.
Hauteur : de 25 à 60 cm.
Étalement : de 30 à 40 cm.
Époque de floraison : de juillet à août.
Exposition : une situation ensoleillée.
Sol : une terre meuble, fertile et bien drainée.
Culture et utilisation : une plante pour les massifs ou les plates-bandes appréciée pour sa longue floraison (distance de plantation : 35 cm). Les platycodons s'associent bien avec la majorité des autres vivaces. Au printemps, les nouvelles pousses émergent tardivement, il faut donc éviter de biner les emplacements où ces plantes sont introduites.
Cultivars disponibles : 'Albus', 60 cm de hauteur, fleurs blanches ; 'Blue Bells', 60 cm de hauteur, fleurs bleu moyen ; 'Fuji Blue', 60 cm de hauteur, fleurs bleues ; 'Fuji Pink', 60 cm de hauteur, fleurs rose pâle ; 'Fuji White', 60 cm de hauteur, fleurs blanches ; 'Komachi', plant compact de 25 à 30 cm de

hauteur, fleurs bleu pâle ; 'Mariesii', plant compact de 30 à 40 cm de hauteur, fleurs bleu violacé ; 'Mother of Pearl', 60 cm de hauteur, fleurs rose pâle ; 'Shell Pink', 50 cm de hauteur, fleurs rose très pâle.

Rudbeckia fulgida 'Goldsturm' Rudbeckie

Une rudbeckie vivace particulièrement florifère dont la période de floraison se prolonge, pour notre plus grand bonheur, de la fin de juillet jusqu'à la fin de septembre. Une vivace incontournable pour toutes les situations ensoleillées.

Rusticité : zone 3.
Hauteur : les capitules se développent sur une tige florale de 70 à 80 cm.
Étalement : de 40 à 45 cm.
Époque de floraison : de la fin de juillet à la fin de septembre.
Exposition : une situation ensoleillée.
Sol : une terre meuble, plutôt légère, moyennement fertile et bien drainée.
Culture et utilisation : les capitules aux ligules d'un jaune intense et au centre brun sur un feuillage d'un vert foncé illuminent les massifs ou les plates-bandes (distance de plantation : 45 à 50 cm). Cette rudbeckie convient également à la naturalisation, car elle concurrence aisément les plantes indigènes de nos champs. Son développement est rapide dans un sol meuble et fertile ; la division des touffes est recommandée à tous les trois ans.

Salvia x sylvestris Sauge superbe

Les cultivars identifiés sous cette espèce sont issus de croisements entre les *Salvia nemerosa* et *S. pratensis*. Ils se caractérisent par une touffe de feuilles d'un vert argenté d'où s'érigent un grand nombre de petits épis aux minuscules fleurs bleues à bleu violacé.

Rusticité : zone 4.
Hauteur : de 30 à 50 cm.
Étalement : de 30 à 35 cm.
Époque de floraison : du début de juin à la mi-juillet.
Exposition : une situation ensoleillée.
Sol : une terre meuble, moyennement fertile et bien drainée.
Culture et utilisation : une vivace parfaite pour la devanture d'une plate-bande (distance de plantation : 40 à 45 cm). On favorisera une nouvelle floraison en prenant soin d'enlever rapidement les épis à peine fanés. Bien que cette sauge tolère une courte période de sécheresse, elle préfère une terre fraîche.
Cultivars disponibles : 'Blue Queen', 50 cm de hauteur, fleurs bleu violacé ; 'Mainacht' (syn. 'May Night'), 40 à 50 cm de hauteur, fleurs bleu foncé ; 'Rose Queen', 50 à 60 cm de hauteur, fleurs rose foncé.
Espèce apparentée : les cultivars issus de l'espèce *Salvia nemorosa* sont également intéressants : 'Lubecca', plant compact de 30 à 40 cm de hauteur, fleurs bleu violacé ; 'Ostfriesland', 30 à 40 cm de hauteur, fleur bleu violacé (photo).

Scabiosa caucasica
Scabieuse du Caucase

La scabieuse du Caucase forme une touffe de feuilles lancéolées étroites d'où s'érigent des hampes florales portant de larges capitules colorés. Cette vivace intéressera les jardiniers désirant une plante de longue floraison.

Rusticité : zone 4.
Hauteur : les inflorescences atteignent de 35 à 60 cm de hauteur.
Étalement : de 35 à 40 cm.
Époque de floraison : du début de juillet à la mi-août ou à la fin d'août avec une certaine remontance en septembre.
Exposition : une situation ensoleillée.
Sol : une terre meuble, moyennement fertile, au pH neutre et bien drainée.
Culture et utilisation : une vivace très appréciée dans une plate-bande (distance de plantation : 40 à 45 cm). Les scabieuses redoutent les sols lourds, frais et humides où elles dépérissent rapidement. On prolonge la floraison en éliminant rapidement les capitules fanés. Il est conseillé de diviser les scabieuses après deux ou trois ans de culture.
Cultivars disponibles : 'Compliment', plant compact de 35 à 50 cm de hauteur, larges capitules bleu pâle ; 'Fama', 35 à 50 cm de hauteur, capitules bleu lavande ; 'House's Mixture' (syn. 'Isaac House'), 50 à 60 cm de hauteur, dans les tons de bleu et de blanc ; 'Miss Willmott', 50 à 70 cm de hauteur, blanc pur.
Espèce apparentée : une autre espèce mériterait une introduction dans vos plates-bandes, la *Scabiosa columbaria*. Très rustique (zone 3b) et plus compacte que la scabieuse du Caucase, cette vivace exhibe de courtes hampes florales, de 25 à 30 cm de hauteur, aux capitules bleu violacé pour le cultivar 'Butterfly Blue' et roses pour le cultivar 'Pink Mist' ; la floraison de ces cultivars est continue.

Thalictrum aquilegifolium
Pigamon à feuilles d'ancolie

Toutes les espèces du *Thalictrum* montrent un feuillage gracieux rappelant celui des ancolies. Celui-ci forme une touffe délicate qui s'associe parfaitement avec les feuillages des iris, des hémérocalles et des hostas. Le pigamon à feuilles d'ancolie présente une multitude de fleurs réduites à un bouquet d'étamines roses groupées en panicules lâches plutôt globulaires au sommet de tiges florales feuillées.

Rusticité : zone 4b.
Hauteur : les hampes florales s'élèvent sur 0,80 à 1,20 m.
Étalement : de 45 à 50 cm.
Époque de floraison : du début de juin au début de juillet.
Exposition : une situation ensoleillée à légèrement ombragée.
Sol : un sol meuble, préférablement riche en matière organique et toujours frais.

Culture et utilisation : une excellente plante pour les massifs ou les plates-bandes où son inflorescence s'allie avec la majorité des vivaces et des arbustes (distance de plantation : 50 à 60 cm). Ce pigamon redoute les sols secs, compacts ou une exposition très ombragée. Des arrosages réguliers sont recommandés.
Cultivars disponibles : 'Album', étamines blanches ; 'Atropurpureum', étamines violacées ; 'Purple Cloud' (syn. 'Thundercloud'), étamines pourpres ; 'White Cloud', étamines blanches.
Espèces apparentées : d'autres espèces mériteraient un essai dans votre jardin ; le *Thalictrum delavayi* 'Hewitt's Double' offre une floraison automnale assez particulière avec ses étamines pétaloïdes doubles formant de minuscules pompons. Le *Thalictrum rochebrunianum* s'élève sur 1,50 m et plus et laisse voir des fleurs lilas qu'on dirait suspendues au-dessus du feuillage.

Tiarella cordifolia
Tiarelle cordifoliée

Indigène des forêts de l'est de l'Amérique du Nord, la tiarelle cordifoliée forme un tapis de feuilles cordiformes à peine lobées, dentées et d'un vert lumineux au printemps. À la mi-mai ou à la fin de mai, des épis de petites fleurs s'élèvent au-dessus du feuillage. En couvre-sol, cette vivace forme un « tapis de neige » au moment de sa floraison.

Rusticité : zone 3.
Hauteur : de 20 à 25 cm pour les hampes florales.
Étalement : de 30 à 35 cm.
Époque de floraison : tôt au printemps, entre la mi-mai et le début de juin.
Exposition : une situation mi-ombragée à ombragée.
Sol : une terre meuble, fraîche, riche en matière organique et au pH acide.
Culture et utilisation : une plante précieuse pour une bordure de plate-bande dans un milieu mi-ombragé (distance de plantation : 30 à 35 cm). Son feuillage est aussi décoratif que sa floraison. Elle se prête bien à une naturalisation dans un sous-bois aménagé où elle constitue un couvre-sol parfait.
Cultivars disponibles : quelques cultivars issus de la *Tiarella cordifolia* var. *collina* (syn. *T. wherryi*) sont offerts : 'Dark Eyes' porte une tache foncée au cœur du limbe et autour des nervures : 'Dark Star' arbore des limbes découpés en forme d'étoile au centre brun ; 'Freckles' montre des feuilles tachetées de mauve et des fleurs rose pourpre ; 'Oak Leaf' exhibe des feuilles profondément découpees rappelant celles du chêne ; 'Pink Bouquet' porte des épis aux boutons floraux roses s'épanouissant en fleurs blanches.

Veronica longifolia
Véronique

Le genre *Veronica* donne plusieurs espèces ornementales de culture facile. Outre la véronique de Hongrie (*V. austriaca* subsp. *teucrium*), une espèce plutôt basse et très florifère, les amateurs trouveront dans la *Veronica longifolia* une autre plante ornementale parfaite pour leurs plates-bandes mixtes. Le sommet des tiges feuillées porte des épis effilés de fleurs bleues à bleu violacé.

Rusticité : zone 4.
Hauteur : de 0,80 à 1,20 m.
Étalement : de 30 à 40 cm.
Époque de floraison : de la fin de juin à la fin de juillet ou au début d'août avec une bonne remontance en septembre.
Exposition : une situation ensoleillée.
Sol : une terre préférablement meuble, moyennement fertile, fraîche et bien drainée.

Culture et utilisation : cette véronique convient à tous les massifs ou à toutes les plates-bandes (distance de plantation : 40 à 50 cm). Elle croît bien en sol lourd mais redoute les sols secs où sa croissance est grandement diminuée. Des arrosages réguliers sont recommandés. Elle peut être sensible au blanc, une maladie fongique qui se caractérise par le développement d'une pellicule blanche sur les feuilles en période de stress hydrique. Une taille rapide des épis fanés favorise la remontance de la floraison.
Cultivars disponibles : 'Alba', plant de 80 cm de hauteur, épis de fleurs blanches ; 'Blue Giant', plant de 1,10 à 1,30 m de hauteur, fleurs bleu pâle ; 'Foerter's Blue' (syn. 'Blauriesin'), plant de 50 à 60 cm de hauteur, fleurs bleu foncé. Une autre véronique assez semblable, la *Veronica* 'Sunny Border Blue', produit des épis compacts de fleurs violet foncé sur des tiges feuillées de 40 à 60 cm de hauteur.

Veronica spicata
Véronique à épis

Cette espèce varie quant au port et au coloris des fleurs ; la plupart forment des coussins étalés aux feuilles lancéolées et étroites d'un vert moyen à vert argenté. Du sommet des tiges feuillées s'érigent des épis de petites fleurs de bleu violacé à rouge carmin en passant par le rose moyen.
Rusticité : zone 3.
Hauteur : de 20 à 60 cm, selon les cultivars.
Étalement : de 30 à 45 cm.
Époque de floraison : du début de juillet à la fin d'août.
Exposition : une situation ensoleillée.
Sol : une terre meuble, peu fertile et bien drainée lui convient parfaitement.
Culture et utilisation : les cultivars de taille réduite de la véronique à épis conviennent autant à la devanture d'une plate-bande qu'à une rocaille ou en naturalisation sur un talus sec (distance de plantation : 35 à 50 cm). Les cultivars de taille moyenne seront appréciés dans une plate-bande mixte. Ces véroniques tolèrent mal les sols lourds et argileux au drainage imparfait.
Cultivars disponibles : 'Alba', plant de 25 à 35 cm de hauteur, fleurs blanches ; 'Blue Charm', plant de grande taille, de 50 à 60 cm de hauteur, fleurs bleu lavande ; 'Blue Peter', 30 à 40 cm de hauteur, fleurs bleu royal ; 'Heidekind', 25 à 30 cm de hauteur, fleurs rouges ; 'Icicle', 50 à 60 cm de hauteur, fleurs blanches ; 'Red Fox' (syn. 'Rotfuchs'), 25 à 30 cm de hauteur, fleurs rose moyen.
Espèce apparentée : la *Veronica incana* subsp. *incana* exhibe un joli feuillage blanc argenté et des fleurs bleu foncé sur des tiges florales atteignant de 15 à 20 cm de hauteur.

Ci-contre : *Veronica spicata* 'Red Fox'

8. Structurer l'espace avec des arbustes fleuris

Le choix des arbustes ornementaux ne cesse de croître et elle semble loin la période où l'amateur devait aménager la devanture de sa résidence avec seulement trois ou quatre espèces décoratives, notamment le cerisier pourpre des sables (*Prunus x cistena*), le seringat doré (*Philadelphus coronarius* 'Aureus'), la potentille à fleurs jaunes (*Potentilla fruticosa*) et la spirée à fleurs roses (*Spiræa x bumalda* 'Anthony Waterer'). Ces arbustes, un temps surutilisés, demeurent des plantes ornementales intéressantes qu'il faut introduire dans un contexte différent, au même titre que les autres arbustes présentés dans ce chapitre.

Comme nous l'avons déjà souligné, grâce à leur taille et à leur floraison souvent remarquable, les arbustes peuvent devenir des éléments vedettes d'un jardin ou d'un aménagement. À l'instar des conifères, ces arbustes à feuillage persistant, tous les arbustes à fleurs contribuent à la structure du jardin. Leur volume et leur forme étalée ou érigée constituent un fond de verdure et un cadre sur lesquels viendront s'appuyer ou s'associer d'autres végétaux d'ornement. Ces arbustes servent d'abord d'écran ou ont comme fonction de combler un espace à aménager de façon permanente. Ils assurent une transition visuelle entre les lignes verticales de la résidence ou un bâtiment et le terrain ; et ils servent à masquer une vue ou une structure inesthétique. Un alignement d'arbustes marque une séparation physique – dans le cas de ceux de grande taille – et psychologique, pour ceux de petite taille. En sujets isolés, ou par petits groupes, certains arbustes à fleurs ou à feuillage coloré deviennent des éléments vedettes d'une composition florale ou d'une plate-bande.

La majorité des arbustes sont de culture facile. Ils se contentent d'une terre meuble sur une profondeur de 50 à 60 cm, moyennement

fertile et bien drainée (les azalées et les rhododendrons demandent des conditions de culture assez particulières dont nous reparlerons un peu plus loin). Leurs dimensions et leur port sont très diversifiés ; c'est d'ailleurs là leur plus grand intérêt. Il faut donc savoir les utiliser avec un certain respect de leur forme originale ; rien de plus anodin qu'un aménagement constitué majoritairement d'arbustes taillés uniformément en boule, en ovale, en carré ou en rectangle. Ce type de taille convient à un style de jardin qui ne fait partie ni de notre histoire, ni de notre architecture traditionnelle. On constate également qu'un grand nombre d'amateurs contrôlent le développement de leurs arbustes par des tailles répétées et draconiennes alors qu'ils auraient pu sélectionner des espèces et des cultivars compacts ou de moindre dimension. Il faut donc toujours s'informer des dimensions (hauteur et étalement) qu'atteindront les arbustes convoités après cinq à huit ans de mise en culture.

L'art d'aménager avec des arbustes consiste à associer harmonieusement des formes différenciées, des coloris de feuillages et des floraisons en alternant des plants isolés et des petits groupements. Les amateurs désirant un aménagement de moindre entretien devraient privilégier la plantation d'arbustes.

Un certain nombre d'arbustes portent des fruits décoratifs qui intéresseront non seulement les amateurs mais également les oiseaux. Ceux-ci augmentent l'intérêt de nos associations.

Description des espèces et des cultivars

Amelanchier canadensis
Amélanchier du Canada

Ce genre offre de grands et de petits arbustes particulièrement utiles pour les petits jardins. Leur floraison printanière est spectaculaire avec sa multitude de petites fleurs blanches. Une fois fécondées, ses fleurs se transforment en petits fruits bleu foncé appréciés par les oiseaux. L'automne, le feuillage se colore d'un rouge orangé très intense.

Rusticité : zone 3.

Hauteur : de 4 à 6 m pour l'espèce botanique et de 2 à 3 m pour le cultivar 'Ballerina' issu d'un croisement entre *Amelanchier canadensis* et *A. lœvis.*

Étalement : de 2 à 4 m.

Époque de floraison : tôt au printemps, dès le mois de mai.

Exposition : une situation ensoleillée ou légèrement ombragée.
Sol : une terre meuble, moyennement fertile, fraîche et bien drainée.
Culture et utilisation : les amélanchiers de grande taille font de « petits arbres » précieux pour les jardins urbains; les espèces et les cultivars de petite taille agrémentent les façades de nos résidences ou forment des haies libres très prisées (distance de plantation : 1 m pour une haie dense; 2,50 à 3 m pour des arbustes utilisés isolément; 4 à 5 m pour les spécimens de grande taille). Sous notre latitude, les amélanchiers sont peu sujets aux maladies ou aux ravageurs. Occasionnellement, ils peuvent être affectés par le mildiou poudreux, surtout en période de sécheresse. Cet arbuste nécessite peu de taille.
Cultivar disponible : le cultivar 'Ballerina' (photo) est fortement recommandé pour ses dimensions plus compactes adaptées aux petits jardins.
Espèce apparentée : l'espèce *Amelanchier alnifolia* (zone 4) est également intéressante pour son port restreint, de 2 à 4 m de hauteur, et sa floraison abondante. Le cultivar 'Regent' est un petit arbuste de 1,20 à 2 m de hauteur produisant de petits fruits comestibles très sucrés; la rusticité de ce cultivar reste à confirmer pour notre zone.

Aralia elata
Aralie du Japon

Cet arbuste exhibe un feuillage assez particulier et décoratif offrant un aspect exotique. Les tiges épineuses portent de grandes feuilles composées de nombreuses folioles vert foncé. Les fleurs blanches sont groupées en panicules lâches au sommet du feuillage.
Rusticité : zone 5.
Hauteur : sous notre latitude, l'aralie du Japon s'élève rarement à plus de 2 à 2,50 m.
Étalement : au sommet, le feuillage s'étale sur 3 à 4 m.
Époque de floraison : du début d'août à la mi-septembre.
Exposition : une situation ensoleillée à mi-ombragée.
Sol : une terre meuble, fertile, riche en matière organique, fraîche et bien drainée.
Culture et utilisation : un arbuste différent ornant parfaitement une fondation ou

l'angle d'une résidence (distance de plantation : 3 m). Cette espèce demande un emplacement protégé des vents dominants. Au printemps, on enlève le bois mort; pour éviter une multiplication anarchique des tiges, on en supprimera quelques-unes au besoin.
Cultivars disponibles : 'Aureovariegata', un cultivar rarement offert au Québec qui présente des folioles marginées de jaune; 'Variegata' arbore des folioles marginées de blanc.

Buddleia davidii
Arbuste aux papillons

Cet arbuste est apprécié pour ses magnifiques inflorescences émergeant vers la mi-août ou la fin d'août. Les épis de petites fleurs, aux coloris variés selon les cultivars, attirent les papillons, d'où son nom commun. Il atteint sous notre latitude sa limite septentrionale de rusticité, ses tiges gèlent jusqu'au sol mais repoussent si la souche est protégée.

Rusticité : zone 5b.

Hauteur : de 1,25 à 1,50 m.

Étalement : 2 m.

Époque de floraison : de la mi-août à la mi-septembre.

Exposition : une situation ensoleillée.

Sol : une terre meuble, préférablement fertile et bien drainée.

Culture et utilisation : les arbustes aux papillons ou buddléias se cultivent comme des vivaces à tiges subligneuses et s'utilisent comme plante vedette d'un massif ou d'une plate-bande (distance de plantation : 2 m). Ils tolèrent un sol peu fertile pour autant qu'ils bénéficient d'une fertilisation régulière. Peu rustique dans le sud-ouest du Québec, cet arbuste demande une bonne protection hivernale sous la forme d'un paillis ou d'un buttage de compost sur 30 cm de hauteur. Les tiges mortes seront rabattues jusqu'au sol au printemps.

Cultivars disponibles : 'Black Knight', fleurs violettes (photo) ; 'Dubonnet', fleurs pourpres ; 'Empire', fleurs violet pourpre ; 'Harlequin', feuillage marginé de crème, fleurs rose violacé ; 'Nanho Blue' (syn. 'Petite Indigo'), fleurs bleu lilas ; Nanho Purple', fleurs pourpres ; 'Petite Plum', fleurs rouge pourpre ; 'Pink Charming', fleurs rose moyen ; 'Pink Delight', fleurs rose clair ; 'White Profusion', fleurs blanches.

Chænomeles x superba
Cognassier du Japon

Issus d'un croisement entre les *Chænomeles japonica* et *C. speciosa*, les cognassiers sont des arbustes très appréciés dans les zones 6 et plus où leurs tiges s'élèvent sur 1 à 1,50 m de hauteur. Sous notre latitude, le froid brûle les tiges au-dessus de la couche de neige. Malgré tout, les tiges épargnées se parent de jolies fleurs aux pétales rouges ou roses selon les cultivars.

Rusticité : zone 5b.

Hauteur : les tiges s'étalent plus qu'elles ne s'érigent sous notre climat, atteignant de 30 à 40 cm environ.

Étalement : de 1,00 à 1,50 m.

Époque de floraison : tôt au printemps, du début de mai au début de juin.

Exposition : une situation ensoleillée ou partiellement ombragée.

Sol : une terre meuble, moyennement fertile et bien drainée. Il tolère un sol faiblement alcalin.

Culture et utilisation : cet arbuste doit être implanté en devanture d'une plate-bande ou dans une rocaille appuyé sur une grosse

pierre plate où ses fleurs seront mises en valeur (photo). Les sols lourds et mal drainés sont à éviter (distance de plantation : 1,25 à 1,60 m). Il faut toujours favoriser une bonne accumulation de neige autour des plants pour assurer une protection aux tiges. La taille printanière consiste à supprimer le bois mort ; on attendra la fin de la floraison pour restreindre son développement.
Cultivars disponibles : 'Crimson and Gold', fleurs rouge intense aux étamines jaune vif ; 'Fire Damce', fleurs rouge foncé ; 'Pink Lady', fleurs rose lumineux.
Espèces apparentées : deux autres espèces intéressantes conviennent à nos jardins ; le *Chænomeles japonica* (zone 5) exhibe des fleurs orange à rouge orangé et le *C. speciosa* (zone 5) a donné un grand nombre de cultivars malheureusement rarement offerts dans les centres-jardins.

Cotinus coggygria
Fustet commun
Un arbuste très particulier dont les fleurs inintéressantes au départ se transforment peu à peu pour former des panicules plumeuses d'un blanc jaunâtre offrant l'apparence d'un nuage de fumée. Cette caractéristique lui a valu son nom populaire anglais *Smoke Tree*.
Rusticité : zone 4.
Hauteur : de 3 à 5 m.
Étalement : le houppier s'étale sur 3 à 5 m.
Époque de floraison : la floraison débute en juin et les inflorescences se maintiennent jusqu'à la fin de juillet ou au début d'août.
Exposition : une situation ensoleillée.
Sol : une terre meuble, légère, modérément fertile et bien drainée.
Culture et utilisation : c'est isolé au milieu d'une pelouse que le fustet donne tout son potentiel décoratif. En pleine floraison, cet arbuste deviendra un élément vedette. Il redoute les sols lourds et argileux au drainage imparfait. Pour les fustets cultivés pour leur floraison, la taille d'entretien se fait après la floraison. Pour les cultivars introduits pour leur feuillage décoratif, la taille d'entretien peut se faire au printemps ; on supprime toutes les tiges mortes et on dégage l'arbuste de quelques vieilles tiges.
Cultivars disponibles : outre l'espèce botanique, la forme *purpureus* est intéressante pour sa rusticité, son feuillage et son inflorescence d'un pourpre pâle. Le cultivar 'Royal Purple' exhibe un feuillage pourpre très foncé, mais il fleurit moins sous notre latitude ; il exige un emplacement protégé des vents dominants.

Daphne cneorum
Daphné camelé
Un arbuste étalé, aux feuilles persistantes, dont le sommet se couvre de nombreuses petites fleurs tubulaires rose moyen. Sa floraison printanière est particulièrement abondante ; elle est suivie d'une bonne remontance à la fin de l'été.
Rusticité : zone 2b.
Hauteur : de 20 à 30 cm.

Étalement : de 50 à 80 cm, parfois plus.
Époque de floraison : mi-mai à la mi-juin et une bonne remontance vers la mi-août et en septembre.
Exposition : une situation ensoleillée ou légèrement ombragée.
Sol : une terre meuble, modérément fertile, riche en matière organique, bien drainée et toujours fraîche.
Culture et utilisation : le daphné camelé est une plante ornementale précieuse pour une rocaille ou une devanture de plate-bande (distance de plantation : 50 à 80 cm). Des arrosages réguliers permettent d'éviter un stress hydrique préjudiciable à sa croissance et à sa floraison. Cette plante dépérit dans un sol lourd au drainage imparfait. La taille est rarement nécessaire. La plante est toxique et sa sève peut causer des dermatites chez certaines personnes.
Cultivar disponible : 'Ruby Glow' expose des fleurs d'un rose très foncé.
Espèce apparentée : le *Daphne x burkwoodii* est un arbuste érigé de 60 à 80 cm de hauteur et d'autant de diamètre, rustique (zone 5), aux fleurs rose pâle en juin. Deux cultivars sont offerts : 'Carol Mackie' aux fleurs marginées de blanc crème et 'Summerset' au port évasé et aux fleurs roses odorantes.

Forsythia ovata
Forsythia précoce

Toujours apprécié pour sa floraison abondante qui annonce le début d'une nouvelle saison de croissance, le forsythia précoce se pare d'une multitude de petites fleurs jaune vif. Les cultivars issus de cette espèce et certains hybrides développés récemment sont nettement plus rustiques.
Rusticité : zone 5 pour la majorité des cultivars offerts et 4b pour le cultivar 'Northern Gold'.
Hauteur : de 1,50 à 2,50 m pour la majorité des cultivars.
Étalement : de 1,50 à 2,50 m.
Époque de floraison : début avril à mi-mai.
Exposition : une situation ensoleillée.
Sol : une terre meuble, modérément fertile et bien drainée.
Culture et utilisation : un arbuste à introduire isolément dans une plate-bande ou en façade d'une résidence ou en groupe de

plusieurs spécimens comme écran (distance de plantation : 2 à 3 m). Cette plante ligneuse demande un emplacement bien dégagé pour que ses tiges poussent librement. Une taille d'entretien n'est nécessaire que pour supprimer quelques vieilles tiges ou les tiges grêles tous les ans ; ce type de taille est plus facile, tôt au printemps, lorsque l'arbuste ne porte pas son feuillage. Attendre après la floraison, s'il faut rabattre les tiges.
Cultivars disponibles : l'espèce botanique n'est guère utilisée, on lui préfère deux excellents cultivars : 'Ottawa', un plant compact de 1,50 à 2 m de hauteur ; 'Tetragold', un plant de 1,50 à 2,25 m de hauteur. Parmi les autres cultivars intéressants : 'Happy Centennial', un plant nain, de 50 à 60 cm de hauteur, rustique (zone 4) ; 'Minigold Fiesta', un plant compact de 0,80 à 1,00 m de hauteur au feuillage strié de jaune ; 'Northern Gold', un arbuste rustique (zone 4).

Genista lydia
Genêt de Lydie

Un petit arbuste, au port étalé, aux branches filiformes et aux feuilles réduites, qui s'orne

d'un grand nombre de petites fleurs papilionacées d'un jaune vif.
Rusticité : zone 3b.
Hauteur : de 30 à 40 cm.
Étalement : de 40 à 60 cm.
Époque de floraison : de la mi-mai à la mi-juin.
Exposition : une situation ensoleillée.
Sol : une terre meuble, légère et bien drainée.
Culture et utilisation : ce genêt est parfait pour une devanture de plate-bande ou dans une rocaille (distance de plantation : 40 à 50 cm). Cet arbuste de croissance lente tolère un sol pauvre et sablonneux ; il dépérit rapidement dans un sol lourd mal drainé. Il ne nécessite aucune taille sauf pour supprimer les tiges mortes.
Espèces apparentées : le genêt poilu (*Genista pilosa*) est un arbuste prostré (zone 4b) dont le cultivar 'Vancouver Gold', au port tapissant, s'élève à peine à une hauteur de 10 à 15 cm et s'étale de 35 à 50 cm. Au début de juin, la floraison est particulièrement abondante. Le genêt des teinturiers (*Genista tinctoria*) est une autre espèce intéressante (zone 3), au port arrondi, de 50 à 60 cm de hauteur. Les fleurs sont réunies en grappe terminale au sommet des tiges feuillées et s'épanouissent au début de juin. Deux cultivars sont disponibles : 'Plena', fleurs doubles, et 'Royal Gold', un plant de 60 à 80 cm de hauteur, aux rameaux retombants, aux fleurs d'un jaune vif.

Hibiscus syriacus
Ketmie de Syrie

Un hibiscus arbustif qui est apprécié pour sa floraison tardive. Ses tiges érigées et plutôt évasées portent de grandes fleurs de couleurs variées selon les cultivars.
Rusticité : zone 5b.
Hauteur : de 1,20 à 1,70 m.
Étalement : de 0,70 à 1,00 m.
Époque de floraison : de la fin de juillet à la fin de septembre.
Exposition : une situation ensoleillée.
Sol : une terre meuble, moyennement fertile et bien drainée.
Culture et utilisation : un arbuste parfait pour des associations mixtes avec d'autres plantes ligneuses ou herbacées, vivaces et annuelles (distance de plantation : 0,90 à 1,50 m). Cet hibiscus demande un emplacement protégé des vents dominants et une excellente protection hivernale. Malgré cette protection, les tiges de cet arbuste gèlent jusqu'au niveau de la couverture de neige. Au printemps, une fois les tiges mortes supprimées, la repousse est généralement excellente.
Cultivars disponibles : 'Blue Bird', larges fleurs bleues ; 'Hamabo', fleurs rose pâle à taches cramoisies ; 'Red Heart', fleurs blanches à taches rouges (photo) ; 'Woodbridge', fleurs rouges simples.

Hydrangea arborescens
Hydrangée arborescente

Toujours populaire à cause de sa grande facilité de culture et de son inflorescence globulaire très ornementale, l'hydrangée arborescente ou hortensia arborescent plaît à la majorité des amateurs. Mais attention ! tous les plants offerts dans le commerce ne sont pas d'intérêt équivalent. On trouve autant l'espèce botanique à l'inflorescence peu ornementale que des cultivars aux gros corymbes globulaires de fleurs stériles d'un blanc pur.

Rusticité : zone 3.

Hauteur : de 1,00 à 1,35 m.

Étalement : de 1,00 à 1,75 m.

Époque de floraison : l'inflorescence se développe à la fin juin et se maintient jusqu'à la mi-août.

Exposition : une situation ensoleillée à ombragée, mais préfère un ombrage léger.

Sol : une terre meuble, moyennement fertile et bien drainée.

Culture et utilisation : l'hydrangée arborescente est parfaite comme plante de fondation et convient bien aux massifs (distance de plantation : 1,50 à 1,75 m). Cet arbuste préfère un sol fertile et frais. En période de sécheresse, des arrosages réguliers et abondants sont requis pour conserver les inflorescences. La taille s'effectue tard à l'automne ou tôt au printemps ; les tiges seront rabattues à 15 cm au-dessus du sol. Cet arbuste est généralement exempt de ravageurs et de maladies.

Cultivars disponibles : l'espèce botanique est délaissée au profit de deux cultivars : 'Annabelle', aux grosses inflorescences d'un blanc pur, et 'Grandiflora', aux inflorescences moins globulaires et plus petites.

Hydrangea paniculata
Hydrangée paniculée

Un arbuste vigoureux aux tiges érigées, au port buissonnant, portant des inflorescences composées de fleurs fertiles et de larges fleurs stériles d'un blanc pur vieillissant vers un blanc rosé ou un rose pâle. L'abondance des fleurs stériles varie selon les cultivars. Les panicules pyramidales apparaissent en juillet au sommet des tiges feuillées ; les inflorescences donnent d'excellentes fleurs coupées.

Rusticité : zone 4.

Hauteur : de 1,20 à 2,00 m. Le cultivar 'Grandiflora' est également vendu sur une tige de 1,00 à 1,50 de hauteur ; l'ensemble s'élève à plus de 2,00 m.

Étalement : de 1,25 à 2,00 m.

Époque de floraison : de juillet à la mi-octobre.

Sol : une terre meuble, modérément fertile, fraîche et bien drainée.

Culture et utilisation : isolée ou en massif, l'hydrangée paniculée demeure un choix avantageux pour sa croissance vigoureuse et sa floraison abondante et prolongée (distance de plantation : 1,25 à 1,50 m). De culture facile, cet arbuste demande un sol riche en matière organique et frais pour maintenir sa floraison ; des arrosages réguliers sont conseillés. Tôt au printemps, on taille les tiges de moitié pour maintenir leur vigueur.

Cultivars disponibles : 'Burgundy Lace', une inflorescence se colorant de rose foncé en vieillissant ; 'Grandiflora', le cultivar le

plus connu et le plus populaire, à l'inflorescence triangulaire composée de fleurs stériles d'un blanc pur ; le poids des fleurs fait plier les tiges jusqu'au sol ; l'intérêt ornemental de cet arbuste est moindre que celui des autres cultivars, il faut privilégier les plants greffés sur tige ; 'Kyushu', l'inflorescence est composée de fleurs fertiles et stériles d'un blanc pur ; 'Preacox', à la floraison plus hâtive ; 'Unique', un cultivar fort intéressant pour ses grosses inflorescences composées de fleurs fertiles et stériles d'un blanc pur, dont les tiges robustes ne ploient pas sous le poids de la floraison.
Espèce apparentée : bien que moins rustique (zone 5b), l'hydrangée à feuilles de chêne (*Hydrangea quercifolia*) porte des feuilles entières découpées en 3 à 5 lobes. Le feuillage prend une jolie coloration pourpre à l'automne. Les inflorescences se développent tardivement sous notre climat.

Kerria japonica
Corête du Japon

Originaire de l'Asie, ce petit arbuste aux tiges érigées ou étalées pousse en touffe dense à cause de ses nombreux drageons. L'espèce botanique expose des fleurs simples à cinq pétales d'un jaune vif ressemblant à celles des framboisiers. Elle est maintenant délaissée au profit du cultivar à fleurs doubles.
Rusticité : zone 5.
Hauteur : les tiges gèlent généralement jusqu'au sol dans le sud-ouest du Québec ; la repousse vigoureuse s'élève de 50 à 70 cm.
Étalement : de 50 à 70 cm.
Époque de floraison : de la mi-juin à la mi-août.
Exposition : une situation ensoleillée à mi-ombragée.
Sol : une terre meuble, moyennement fertile et bien drainée.
Culture et utilisation : bien que cet arbuste prospère dans tous les sols, il le préfère meuble et toujours frais s'il est introduit sur un emplacement ensoleillé (distance de plantation : 60 à 70 cm). Généralement exempt de maladies et de ravageurs, il convient autant en isolé qu'en massif. Au printemps, on supprime toutes les portions mortes des tiges puis on élimine quelques drageons pour favoriser un plant plus aéré.
Cultivars disponibles : 'Picta' (syn 'Argenteovariegata'), un cultivar compact au feuillage panaché de blanc crème, aux fleurs simples jaune vif ; 'Pleniflora' (photo), un cultivar très populaire, aux fleurs doubles persistant longtemps sur les tiges.

Kolkwitzia amabilis

Kolkwitzia aimable

Ce magnifique arbuste, aux tiges d'abord érigées puis retombantes, est originaire de Chine. Il fut introduit au début du XXe siècle par le célèbre « chasseur de plantes » Ernest Henry Wilson. Au printemps, ce buisson se couvre d'une multitude de fleurs tubulaires d'un rose pâle à un rose moyen.

Rusticité : zone 5.
Hauteur : de 1,75 à 2,25 m.
Étalement : de 2 à 3 m.
Époque de floraison : du début de juin à la mi-juin ou à la fin de juin.
Exposition : une situation ensoleillée ou à peine ombragée.
Sol : une terre meuble, modérément fertile et bien drainée.
Culture et utilisation : un arbuste remarquable autant isolé qu'en massif de plusieurs plants (distance de plantation : 2 à 3 m). Le kolkwitzia aimable prospère dans tous les types de sol, mais il préfère un sol meuble et plutôt frais. Bien que la taille soit généralement peu utile, on peut contrôler les pousses les plus vigoureuses après la floraison. Après trois ou quatre années de culture, on enlève quelques vieilles tiges pour permettre aux nouvelles de s'épanouir.
Cultivar disponible : 'Pink Cloud', aux fleurs d'un rose plus foncé que l'espèce botanique.

Lonicera tatarica
Chèvrefeuille de Tartarie

Bien que les chèvrefeuilles souffrent d'une mauvaise réputation, ces arbustes donnent des plants ornementaux d'un grand intérêt. La déformation des jeunes pousses est probablement causée par des tailles excessives et répétées. Le chèvrefeuille de Tartarie porte une multitude de fleurs d'un blanc rosé à un rose foncé à l'aisselle des feuilles.
Rusticité : zone 4.
Hauteur : de 2,00 à 2,50 m.
Étalement : de 2 à 3 m.
Époque de floraison : de la mi-mai à la mi-juin ; de jolies baies orange ou rouges apparaissent en juillet.
Exposition : une situation ensoleillée à mi-ombragée.
Sol : une terre meuble, modérément fertile, fraîche et bien drainée.
Culture et utilisation : les problèmes rapportés, la croissance anarchique des nouvelles pousses, sont reliés à la taille régulière des haies ; ce désordre métabolique est rarement observé sur les plants ou les haies libres qui ne subissent qu'une taille d'entretien annuelle. C'est isolé ou en massif que cet arbuste donne son potentiel ornemental (distance de plantation : 1,50 à 2,25 m). En haie libre, ce chèvrefeuille donne un écran particulièrement spectaculaire au moment de la floraison ; c'est également un excellent choix pour une plate-bande de fondation d'une résidence. Le blanc, une maladie fongique se caractérisant par la présence d'une « poudre » blanchâtre sur le limbe, se développe à la mi-saison sur des plants stressés par des tailles répétées et souffrant de sécheresse. Pour avoir des plants en santé, il faut des arrosages réguliers, ce qui évitera un stress hydrique.
Cultivars disponibles : 'Alba' porte des fleurs blanches ; 'Arnold Red' exhibe des fleurs rouges ; 'Beavermor', un vieux cultivar aux fleurs rose moyen et à fruits rouges ; 'Hack's Red' arbore une multitude de fleurs rouges ; 'Rosea' présente des fleurs rose pâle ; 'Zabelii' (syn. *Lonicera korolkowii* 'Zabelii') offre un port gracieux aux fleurs rose foncé.
Espèce apparentée : le chèvrefeuille nain (*Lonicera x xylosteoides*) est un arbuste compact, rustique (zone 4), au port arrondi, particulièrement intéressant pour une plate-bande. À la fin de mai ou au début de juin, il arbore de jolies fleurs d'un blanc jaunâtre pendant deux à trois semaines. Trois cultivars assez semblables sont disponibles : 'Clavey's Dwarf' et 'Emerald Mound' arborent de petites fleurs jaunes alors que 'Mini Globe' présente un port très compact.

Magnolia stellata
Magnolia étoilé

Les magnolias sont de grands arbustes ou de petits arbres très appréciés pour leur magnifique floraison. Dans le sud-ouest du

Magnolia stellata

Québec, la majorité des espèces et des cultivars offerts sont à leur limite septentrionale de rusticité et exigent un emplacement protégé. Le magnolia étoilé est le plus rustique de tous et mérite certainement une introduction dans un jardin. Les grosses fleurs blanches, en forme d'étoile double, s'ouvrent très tôt au printemps.

Rusticité : zone 5 et probablement 4b.

Hauteur : ce magnolia s'élève sur 2 à 3 m après une quinzaine d'années de croissance.

Étalement : de 2,50 à 4,00 m.

Époque de floraison : les fleurs s'épanouissent avant la feuillaison dès le début de mai et se maintiennent jusqu'à la mi-mai ou à la fin de mai.

Exposition : une situation ensoleillée ou légèrement ombragée.

Sol : une terre meuble, profonde, toujours fraîche, riche en matière organique, au pH légèrement acide et bien drainée.

Culture et utilisation : de croissance lente, le magnolia étoilé est considéré comme un grand arbuste parfait quand il est isolé dans une plate-bande ou sur une pelouse. La taille est rarement nécessaire et n'est utile que pour former le plant ; elle s'effectue après la floraison.

Cultivars disponbles : 'Pink Star', un cultivar rarement offert, aux fleurs rose pâle ; 'Royal Star', un cultivar très florifère.

Espèces apparentées : le magnolia kobus (*Magnolia kobus*) est une espèce rustique (zone 5b) pouvant atteindre de 3 à 5 m sous notre latitude en situation protégée ; il arbore de jolies fleurs blanches aux pétales retombants. Le *Magnolia x lœbneri* est un hybride obtenu d'un croisement entre les *Magnolia kobus* et *M. stellata*; rustique (zone 5), ce petit arbre atteint de 4 à 5 m sur un emplacement protégé des vents dominants. Les grosses fleurs comptent de 9 à 12 pétales d'un blanc pur. Deux cultivars sont offerts : 'Leonard Messel', un plant de croissance lente, plus large que haut, aux bourgeons rose foncé et s'ouvrant sur un rose pâle ; 'Merrill', un arbuste vigoureux aux fleurs d'un blanc pur. Le magnolia de Soulange (*Magnolia x soulangiana*) atteint sa limite de rusticité dans le sud-ouest du Québec (zone 5b) et peut souffrir de nos hivers rigoureux. Plusieurs cultivars sont offerts mais leur introduction est toujours aléatoire sous notre latitude.

Philadelphus x 'Lemoinei'
Seringat de Lemoine

Les seringats sont des arbustes précieux pour leur floraison abondante et parfumée. Il existe plusieurs cultivars, issus de croisements fort anciens, de tailles variables arborant des fleurs simples, dont 'Lemoinei', ou doubles. Les plants produisant des fleurs doubles conservent leurs pétales plus longtemps que ceux à fleurs simples. Le parfum particulièrement suave embaume l'espace aménagé.

Rusticité : zone 5 pour le cultivar 'Lemoinei' et zone 4 pour la majorité des autres cultivars offerts.

Hauteur : de 1,50 à 2,00 m.

Étalement : de 1,50 à 2,00 m.

Époque de floraison : du début à la mi-juin.

Exposition : une situation ensoleillée à mi-ombragée.

Sol : une terre meuble, modérément fertile et bien drainée.

Culture et utilisation : un arbuste intéressant pour constituer des haies libres ou un écran. Il peut être introduit dans une plate-bande de fondation ou dans un large massif (distance de plantation : 1,50 à 1,75 m). Tôt au printemps, on supprime les tiges brisées par le poids de la neige. La taille d'entretien qui s'effectue après la floraison consiste à contenir les tiges trop vigoureuses ou divergentes. Après trois ou quatre années de croissance, il est recommandé de rajeunir la touffe en supprimant annuellement quelques vieilles tiges. Les jeunes

pousses sont parfois infestées de pucerons, des traitements phytosanitaires à base de savon insecticide donnent de bons résultats.
Cultivars disponibles : 'Avalanche', plant de 1,50 m, rustique (zone 5), à la floraison tardive, fleurs simples et très odorantes; 'Bouquet Blanc', un port ovale, zone 4, fleurs semi-doubles à doubles, très odorantes; 'Buckley's Quill', nouveau cultivar, port arrondi, zone 4b, aux fleurs très doubles; 'Dwarf Snowflake', plant compact, de 50 à 90 cm de hauteur, zone 4, fleurs doubles odorantes; 'Manteau d'Hermine', plant compact, de 40 à 75 cm de hauteur, fleurs doubles odorantes; 'Miniature Snowflake', plant compact de 0,60 à 1,00 m, fleurs doubles odorantes; 'Minnesota Snowflake', plant vigoureux pouvant atteindre de 1,80 à 2,25 m, zone 4, fleurs doubles légèrement parfumées; 'Virginal', plant de 1,80 à 2,50 m, au port irrégulier, fleurs doubles très odorantes; 'White Rock', plant aux tiges arquées, zone 4b, aux grandes fleurs blanches odorantes s'épanouissant de la mi-juin au début de juillet.
Espèce apparentée : le seringat doré (*Philadelphus coronarius* 'Aureus') est assez bien connu pour son feuillage d'un jaune vif au moment de la feuillaison et vert jaunâtre durant le reste de la saison de croissance. Très rustique (zone 3), cet arbuste demande une situation ensoleillée. Il arbore de jolies fleurs simples d'un blanc pur qui s'épanouissent sur les plants non taillés au printemps.

Physocarpus opulifolius
Physocarpe à feuilles d'obier

Originaire de l'est de l'Amérique du Nord, le physocarpe à feuilles d'obier est de culture facile. L'écorce de ses tiges s'exfolie, d'où son nom commun anglais, *ninebark*. L'espèce botanique est réservée à la naturalisation, les amateurs lui préférant les cultivars au feuillage décoratif. Des corymbes de fleurs blanches se développent au sommet des tiges feuillées.
Rusticité : zone 2b.
Hauteur : de 1,25 à 2,25 m pour l'espèce botanique.
Étalement : de 1,00 à 1,75 m.
Époque de floraison : de la fin de juin à la mi-juillet.
Exposition : une situation ensoleillée ou

légèrement ombragée.
Sol : une terre meuble, plutôt légère, modérément fertile et bien drainée.
Culture et utilisation : de culture facile, peu exigeant quant au type de sol, le physocarpe à feuilles d'obier résiste bien à une courte période de sécheresse (distance de plantation : 1,00 à 1,50 m). L'espèce botanique convient parfaitement pour camoufler des structures peu décoratives dans un jardin; les cultivars au feuillage doré ou pourpre seront associés à d'autres arbustes dans une plate-bande de fondation ou dans un large massif.
Cultivars disponibles : 'Dart's Gold', un plant compact de 0,60 à 1,00 m au jeune feuillage jaune doré, floraison hâtive; 'Diabolo', un nouveau cultivar au feuillage pourpre très foncé; 'Luteus', un vieux cultivar toujours apprécié pour son nouveau feuillage jaune vif.

Potentilla fruticosa
Potentille frutescente

Les potentilles frutescentes sont, avec certains cultivars de rosiers, parmi les plantes ligneuses les plus florifères. Cet arbuste au port arrondi ou étalé, aux nombreuses tiges, se couvre d'un grand nombre de petites fleurs jaunes, blanches, orange ou roses selon les cultivars. De culture facile et très rustique, cet arbuste s'avère incontournable

dans un jardin.
Rusticité : zone 2.
Hauteur : de 30 à 90 cm pour la majorité des cultivars offerts.
Étalement : de 0,60 à 1,00 m.
Époque de floraison : du début de juin à la fin de septembre.
Exposition : une situation ensoleillée.
Sol : une terre meuble, moyennement fertile et bien drainée.
Culture et utilisation : les potentilles arbustives sont appréciées en devanture d'une plate-bande mixte ou en massif (distance de plantation : 0,50 à 1,00 m). Peu exigeantes quant au sol. Les nouveaux cultivars demandent un sol plus fertile pour une floraison abondante et prolongée. Des arrosages abondants et réguliers sont également recommandés. La taille, généralement peu utile, s'effectue au printemps. Après quelques années de culture, on supprime quelques vieilles tiges pour renouveler la vigueur des plants.
Cultivars disponibles : 'Abbotswood', plant de 50 à 70 cm de hauteur, fleurs abondantes d'un blanc pur (photo) ; 'Abbotswood Silver', feuillage marginé de blanc, fleurs blanches ; 'Annette', fleurs jaune orangé ; 'Beesii' (syn. 'Nana Argentea'), plant compact de croissance lente au feuillage pubescent donnant une coloration blanchâtre, fleurs jaunes ; 'Coronation Triumph', un cultivar populaire de croissance vigoureuse, aux fleurs jaunes ; 'Daydawn', au port rampant, de 30 à 50 cm de hauteur et de 50 à 80 cm d'étalement, fleurs rose pâle ; 'Farreri' (syn. 'Gold Drop'), plant de 60 à 90 cm de hauteur, fleurs jaune foncé ; 'Gold Carpet', plant au port rampant, grandes fleurs jaune vif ; 'Goldfinger', plant compact aux grandes fleurs jaune vif de 4 à 5 cm de diamètre ; 'Goldstar', un nouveau cultivar au port rampant à grandes fleurs d'un jaune vif de 5 cm de diamètre ; 'Jackman's Variety', un cultivar populaire au feuillage vert foncé et aux fleurs jaunes très abondantes ; 'Klondike', plant de 40 à 60 cm de hauteur, aux fleurs jaune foncé ; 'Moonlight' (syn. 'Maanelys'), fleurs jaune pâle ; 'Mount Everest', plant de 60 à 90 cm de hauteur, fleurs blanches ; 'Orange Whisper', plant de 50 à 80 cm de hauteur et d'environ 70 à 90 cm d'étalement, floraison abondante, fleurs oranges ; 'Pink Beauty', un plant de 50 cm de hauteur, au port arrondi, fleurs rose pâle ; 'Pink Whisper', plant à croissance lente, fleurs rose pâle ; 'Pretty Polly', plant compact de 30 à 50 cm de hauteur et de 50 à 70 cm d'étalement, fleurs rose saumon pâle ; 'Primrose Beauty', port étalé, fleurs jaune crème ; 'Princess', plant compact de 40 à 60 cm de hauteur, fleurs rose pâle vieillissant vers un blanc rosé ; 'Red Ace', plant compact de 30 à 50 cm de hauteur et d'étalement, fleurs orange ; 'Red Robin', plant compact de 30 à 50 cm de hauteur et d'étalement, fleurs rouge brique ; 'Rosemarie' (photo), plant compact de 30 à 50 cm de hauteur, fleurs rose moyen ; 'Royal

Flush', plant compact de 40 à 60 cm de hauteur, fleurs rose foncé ; 'Snowbird', un nouveau cultivar, plant compact de 40 à 50 cm de hauteur, aux fleurs doubles blanches ; 'Sundance', plant de 40 à 60 cm de hauteur, aux fleurs doubles jaunes ; 'Tangerine', plant compact de 40 à 50 cm de hauteur, fleurs jaune orangé ; 'Tilford Cream', plant arrondi, fleurs blanc crème ; 'Yellow Gem', plant de 40 à 60 cm de hauteur, aux tiges étalées et rampantes, fleurs jaune vif ; 'Yellow Bird', un arbuste de 50 à 70 cm de hauteur, feuillage lustré, fleurs doubles jaune clair.

Prunus x cistena
Cerisier pourpre des sables

Toujours populaire à cause de son feuillage décoratif d'un rouge bordeaux à pourpre très foncé, ce cerisier a grandement souffert de sa trop grande utilisation. Cet arbuste est issu d'un croisement entre les *Prunus cerisifera* 'Atropurpurea' et *Prunus pumila*. Les tiges feuillées portent, à leur sommet, de jolies fleurs blanc rosé odorantes.

Rusticité : zone 4.
Hauteur : de 1,25 à 2,25 m.
Étalement : de 1,00 à 1,50 m,

Époque de floraison : de la mi-mai au début de juin.
Exposition : une situation ensoleillée.
Sol : une terre meuble, moyennement fertile et bien drainée.
Culture et utilisation : ce cerisier à feuillage pourpre est toujours utile dans une plate-bande de fondation ou comme haie libre (distance de plantation : 1,00 à 1,50 m). Bien qu'il tolère tous les types de sol, ce cerisier préfère un sol pas trop argileux, ni trop sec, ni trop humide. On supprime les pousses trop vigoureuses après la floraison. Il faut éviter de les tailler en boule ou en ovale, ce qui ne convient pas à son port naturel. Les tiges et les rameaux du cerisier pourpre des sables sont parfois parasités par des kermès (cochenilles à coquille dure) alors que le feuillage subit les assauts de différentes chenilles; des traitements phytosanitaires seront ponctuellement suggérés.

Prunus glandulosa
Amandier du Japon

Le genre *Prunus* offre quelques espèces intéressantes pour leur floraison. Quatre espèces sont appréciées par les amateurs, l'amandier du Japon (*Prunus glandulosa*), l'amandier nain (*P. tenella*), le cerisier tomenteux (*P. tomentosa*) et le faux-amandier (*P. triloba*). L'amandier du Japon est un petit arbuste, aux tiges érigées, qui se couvre d'un grand nombre de fleurs simples pour l'espèce botanique et doubles pour les cultivars les plus populaires.
Rusticité : zone 5.
Hauteur : de 1,20 à 1,50 m.
Étalement : de 1,00 à 1,50 m.
Époque de floraison : de la mi-mai au début de juin.
Exposition : une situation ensoleillée.
Sol : une terre meuble, moyennement fertile, fraîche et bien drainée.
Culture et utilisation : un arbuste à introduire isolément dans une plate-bande mixte d'arbustes ou de vivaces. Tôt au printemps, on supprime uniquement les tiges brisées par le poids de la neige. Après la floraison, on taille les tiges divergentes ou trop vigoureuses.
Cultivars disponibles : l'espèce botanique est peu utilisée, on lui préfère deux cultivars nettement plus florifères : 'Alba Plena', un cultivar difficile à obtenir aux fleurs doubles d'un blanc pur; 'Rosea Plena' (syn. 'Sinensis'), un cultivar populaire aux fleurs doubles d'un rose moyen (photo).
Espèces apparentées : l'amandier nain (*Prunus tenella*) est une espèce peu connue, rustique (zone 3b), méritant une introduction dans une plate-bande. Ses tiges de 1,00 à 1,25 m de hauteur se couvrent de fleurs roses tôt au printemps. Le cultivar 'Fire Hill' arbore des fleurs rose foncé. Le cerisier tomenteux (*Prunus tomentosa*) est un arbuste rustique (zone 3), aux tiges érigées de 1,50 à 1,80 m de hauteur, se couvrant d'une multitude de fleurs blanches simples tôt au printemps. Des cerises comestibles rouge foncé succèdent aux fleurs fécondées. Le faux-amandier (*Prunus triloba*) est surtout connu pour son cultivar à fleurs doubles 'Multiplex'; il offre une certaine ressemblance avec le *Prunus glandulosa* 'Rosea Plena'. Rustique (zone 4b), cet arbuste d'environ 1,40 à 1,80 m de hauteur porte des fleurs doubles rose pâle tôt au printemps.

Rhododendron spp.
Rhododendrons et Azalées

Très populaires en horticulture ornementale, les rhododendrons sont encore peu utilisés au Québec. Les jardiniers divisent le genre en deux groupes distincts : les

Rhododendron 'Rosy light'

rhododendrons et les azalées. Du point vue botanique, les azalées comptent de cinq à huit étamines, alors qu'on en compte dix chez les rhododendrons. Certains distinguent, improprement, les deux groupes en mentionnant que les rhododendrons arborent des feuilles plus ou moins persistantes et que les azalées portent un feuillage décidu. Cette distinction n'est toutefois pas absolue, puisque certaines azalées ont des feuilles persistantes. Azalées et rhododendrons sont réunis sous le genre *Rhododendron*. Les espèces et les cultivars offerts dans les centres-jardins portent des fleurs simples, dont la couleur de la corolle varie du blanc pur au jaune, du rose pâle au rose fuchsia et du lilas à l'orange.

Rusticité : variable selon les espèces et les cultivars offerts : zone 2b pour le *Rhododendron canadense*, zones 3b et 4 pour les cultivars de la série **Northern Lights**, zones 4b et 5a pour les cultivars de la série **P.J.M.** et zone 5b pour les cultivars des azalées hybrides **Exbury**, **Knapp Hill** et **Mollis**.

Hauteur : environ 80 cm pour les rhododendrons de petite taille à plus de 2,00 m pour ceux de grande taille.

Étalement : de 1 à 2 m et parfois plus.

Époque de floraison : de la fin d'avril ou début de mai pour les espèces et les cultivars les plus hâtifs à la mi-juin pour les espèces et les cultivars les plus tardifs.

Exposition : une situation légèrement à mi-ombragée.

Sol : une terre meuble, conservant une bonne humidité, riche en humus, au pH de 4,5 à 5,5 et bien drainée.

Culture et utilisation : isolés ou en massif, les azalées ou les rhododendrons deviennent, au printemps, des éléments vedettes du jardin. Les plates-bandes ou massifs qui accueilleront ces arbustes doivent être amendés sur 30 à 40 cm avec un mélange de terre organique, de sable et de mousse de tourbe (tourbe de sphaigne). Au besoin, un ajout de sulfate de fer ou de soufre microfin acidifiera le sol (à la dose de 250 g/m^2 pour abaisser le pH d'un demi-point). Il importe de cultiver les rhododendrons dans un sol au pH inférieur à 6 car, autrement, on observe fréquemment un dépérissement des plants dû à une mauvaise assimilation du fer. L'ajout d'un paillis de cèdre, de feuilles de chêne broyées ou d'aiguilles de pin favorise l'acidification du milieu et protège le système racinaire superficiel d'un dessèchement rapide. La majorité des rhododendrons et des azalées tolèrent mal une situation pleinement ensoleillée ; ils préfèrent l'ombrage partiel des grands arbres. Il est recommandé d'éviter d'introduire des plants à proximité de grands arbres au feutre racinaire envahissant qui auront tôt fait de soutirer l'eau et les éléments minéraux indispensables à leur bonne croissance. Pour les espèces et les cultivars atteignant leur limite septentrionale de rusticité, une protection hivernale ou un emplacement protégé des vents dominants s'impose. La taille est rarement nécessaire ; au printemps, on supprime les tiges brisées par le poids de la neige.

Espèces intéressantes : le rhododendron du Canada (*Rhododendron canadense*) est un petit arbuste, de 60 à 90 cm de hauteur, très rustique (zone 2b), arborant des glomérules de fleurs roses ou blanches très tôt au printemps. Le rhododendron de Caroline (*Rhododendron carolinianum*) est une autre espèce rustique (zone 5) qui intéressera un grand nombre d'amateurs. Cet arbuste érigé, de 0,90 à 1,50 m et d'autant en étalement, arbore au début ou à la mi-mai des fleurs rose pâle ou blanches groupées au sommet des tiges feuillées. Le cultivar 'White Gem' montre des fleurs d'un blanc rosé. Assez facile à obtenir dans les centres-

Rhododendron 'P.J.M. Elite'

jardins, le rhododendron à grandes feuilles (*Rhododendron catawbiense*) arbore de grandes feuilles d'un vert foncé. Les fleurs se développent en glomérules denses au sommet des tiges feuillées. Plusieurs cultivars sont recommandés pour la zone 5 : 'Album', fleurs blanches ; 'Bourseault', fleurs rose lilas ; 'English Roseum', fleurs roses ; 'Nova Zembla', fleurs rouges. Originaire de l'Asie, le rhododendron mucronulé (*Rhododendron mucronulatum*) offre un port érigé, de 1,20 à 1,80 m de hauteur. Rustique (zone 4b), cette espèce arbore des fleurs en groupes de trois à six au sommet des tiges ; la floraison est hâtive et les fleurs s'épanouissent bien avant la feuillaison, soit dès la fin d'avril ou le début de mai. Le cultivar 'Cornell Pink' donne des fleurs rose pâle. Peu connu, le *Rhododendron schlippenbachii* est une espèce très intéressante aux feuilles digitées, pouvant atteindre plus de 2 m de hauteur. Son feuillage prend, à l'automne, une jolie coloration rougeâtre. Les grandes fleurs d'un rose pâle s'épanouissent à la mi-mai ou à la fin de mai au sommet des tiges. Cette espèce tolère un sol au pH de 6 à 6,5.

Cultivars disponibles : la série **Northern Lights** est probablement la plus appréciée des amateurs. Tous les cultivars sont rustiques (zones 3b et 4) sous notre latitude et ne demandent pas une protection hivernale particulière : 'Golden Lights', 0,80 à 1,20 m de hauteur, fleurs jaunes ; 'Orchid Lights', 0,80 à 1,20 m de hauteur, fleurs rose lilas ; 'Rosy Lights', 1,50 à 1,80 m de hauteur, fleurs rose foncé (photo) ; 'Spicy Lights', 1,20 m de hauteur, fleurs roses ; 'White Lights', 1,00 à 1,50 m de hauteur, fleurs blanches. La série **P.J.M.** fut obtenue par la famille Mezitt à la suite de croisements complexes ; les cultivars issus de ceux-ci n'exigent aucune protection hivernale en zone 5 : 'P.J. Mezzitt', plant compact de 60 à 90 cm de hauteur aux fleurs d'un rose fuchsia moyen ; 'Olga Mezitt', fleurs rose clair ; 'P.J.M. Elite', fleurs rose lavande foncé. Les azalées des séries **Exbury**, **Knapp Hill** et **Mollis** atteignent sous notre latitude leur limite septentrionale de rusticité ; tous les cultivars exigent une protection hivernale ou un emplacement protégé. Quelques cultivars sont encore offerts dans certains centres-jardins.

Sambucus canadensis
Sureau du Canada

Cette espèce indigène est encore sous-utilisée dans les aménagements paysagers. Les longues tiges d'abord érigées s'arquent et retombent. Au printemps, de petites fleurs blanches groupées en corymbes denses s'épanouissent au sommet des tiges feuillées. Une fois fécondées, les fleurs laissent place à des baies noires décoratives appréciées des oiseaux.

Rusticité : zone 3.
Hauteur : de 1,50 à 2,00 m.
Étalement : de 2,00 à 2,50 m.
Époque de floraison : de la fin de juin à la mi-juillet.
Exposition : une situation ensoleillée à mi-ombragée.
Sol : une terre meuble, moyennement fertile et bien drainée.
Culture et utilisation : isolé le long d'une fondation ou en massif pour la création d'un écran dense (distance de plantation : 2,00 à 2,50 m). De culture facile, le sureau du Canada n'a pas d'exigence particulière quant au sol. Il préfère un sol profond et riche en matière organique. La taille est rarement nécessaire ; au printemps on supprime les tiges brisées. Après quelques années de croissance, on enlève quelques vieilles tiges pour rajeunir le plant.
Cultivars disponibles : 'Aurea' (photo), un cultivar nettement plus populaire que l'espèce botanique pour son nouveau feuillage d'un jaune vif évoluant vers un vert jaunâtre. Un emplacement ombragé atténue la coloration du feuillage. Le cultivar 'Maxima' arbore de grands corymbes.
Espèces apparentées : le sureau noir (*Sambucus nigra*) est une espèce vigoureuse et rustique (zone 4b), au feuillage composé de sept folioles d'un vert foncé pour l'espèce botanique. Celle-ci est délaissée au profit des cultivars suivants : 'Albo Variegata' au feuillage bordé de blanc ; 'Aureomarginata' au feuillage bordé de jaune ; 'Lacianata' aux folioles très découpées ; 'Purpurea' au feuillage pourpre. Le sureau rouge d'Europe (*Sambucus racemosa*) est une autre espèce rustique (zone 4b) dont les cultivars 'Plumosa Aurea' et 'Sutherland Gold' sont régulièrement offerts. Le 'Plumosa Aurea' arbore un feuillage découpé aux nouvelles pousses jaune orangé évoluant vers un jaune vif ; ce cultivar tolère mal un emplacement ensoleillé. Le cultivar 'Sutherland Gold', assez semblable au précédent, offre une meilleure résistance à l'ensoleillement.

Sorbaria aitchisonii
Fausse spirée du Cachemire

Cette espèce, très proche du sorbaria à feuilles de sorbier (*Sorbaria sorbifolia*), est fort utile pour une naturalisation sur un

emplacement ensoleillé à mi-ombragé. Cet arbuste buissonnant arbore un feuillage composé de plusieurs folioles. Une panicule conique de petites fleurs blanches croît au sommet des tiges feuillées.
Rusticité : zone 4.
Hauteur : de 1,50 à 2,00 m.
Étalement : de 1,25 à 1,75 m.
Époque de floraison : de la mi-juillet à la mi-août.
Exposition : une situation ensoleillée à mi-ombragée.
Sol : une terre meuble, moyennement fertile, toujours fraîche et légèrement acide.
Culture et utilisation : bien que moins connue que le sorbaria à feuilles de sorbier, la fausse spirée du Cachemire est un choix intéressant pour une plate-bande de fondation où son feuillage et sa magnifique inflorescence s'associent aux autres arbustes (distance de plantation : 1,00 à 1,50 m). Au printemps, on supprime un certain nombre de tiges pour rajeunir et aérer le plant. Une bordure de plastique rigide est conseillée pour limiter son extension.
Espèce apparentée : le sorbaria à feuilles de sorbier (*Sorbaria sorbifolia*) est une espèce très proche, rustique (zone 4), de croissance vigoureuse, atteignant de 1,50 à 1,75 m de hauteur. Les racines drageonnantes donnent de nouvelles pousses ; l'arbuste devient légèrement envahissant et devrait être contenu par une bordure. Les inflorescences, des panicules pyramidales de petites fleurs blanches, apparaissent à la mi-juillet et perdurent ou se renouvellent jusqu'à la mi-août.

Spiræa x billiardii
Spirée de billiard

Il existe un grand nombre de spirées dont certaines sont très appréciées par les amateurs. La *Spiræa x billiardii* est moins connue mais mériterait une introduction dans votre jardin. Issu d'un croisement entre les *Spiræa douglasii* et *Spiræa salicifolia*, cet hybride fleurit abondamment ; de la fin de juin à la mi-septembre, cet arbuste porte un grand nombre de panicules terminales effilées aux petites fleurs roses.
Rusticité : zone 4.
Hauteur : de 0,80 à 1,40 m.
Étalement : de 0,90 à 1,25 m.
Époque de floraison : une première

floraison très abondante à la fin de juin puis des floraisons remontantes jusqu'à la mi-septembre.
Exposition : une situation ensoleillée.
Sol : une terre meuble, toujours fraîche et préférablement légèrement humide.
Culture et utilisation : isolée dans une plate-bande mixte, cette spirée devient un élément vedette au moment de sa floraison ; elle est également utile en massif en association avec d'autres arbustes (distance de plantation : 0,80 à 1,25 m). Pour s'assurer une floraison prolongée, il importe de fertiliser le milieu de culture et d'assurer un apport d'eau régulier et abondant. Tôt au printemps, on taille les tiges à quelques centimètres du sol ; on supprime quelques tiges pour conserver une touffe dégagée.
Cultivars disponibles : 'Triumphans' est le cultivar le plus souvent offert dans les centres-jardins ; 'Macrothyrsa' arbore des inflorescences aux fleurs rose lilas foncé.

Spiræa x bumalda
Spirée bumalda

Les cultivars de ce groupe de spirées sont issus d'un croisement entre les *Spiræa japo-*

nica et *Spiræa albiflora*. Dans les centres-jardins, ces cultivars sont toujours identifiés sous le nom scientifique de *Spiræa x bumalda* bien qu'au point de vue botanique ils soient maintenant rattachés à la spirée japonaise (*Spiræa japonica*).

Rusticité : zones 3 et 4, selon les cultivars.
Hauteur : de 40 à 80 cm, selon les cultivars.
Étalement : de 0,60 à 1,00 m.
Époque de floraison : de la mi-juin à la fin d'août ou au début de septembre.
Exposition : une situation ensoleillée à légèrement ombragée.
Sol : une terre meuble, moyennement fertile et bien drainée.
Culture et utilisation : bien que les spirées croissent dans tous les types de sol, ces arbustes préfèrent un sol travaillé, riche en matière organique (distance de plantation : de 0,60 à 1,20 m). Tôt au printemps, on supprime les tiges brisées par le poids de la neige ou mortes. On rabat les tiges de moitié pour assurer leur vigueur. Après quelques années de culture, il est recommandé d'enlever quelques vieilles tiges pour aérer l'arbuste. La suppression des inflorescences fanées favorise le renouvellement des fleurs.
Cultivars disponibles : 'Anthony Waterer', zone 3, un cultivar fort populaire, de 50 à 90 cm de hauteur, aux fleurs rose foncé réunies en corymbes denses au sommet des tiges feuillées ; 'Crispa', zone 3, un arbuste compact de 50 à 80 cm de hauteur au feuillage denté et crispé (tordu), corymbes de fleurs rose moyen ; 'Dart's Red', zone 3, plant robuste de 60 à 90 cm de hauteur aux fleurs rose foncé ; 'Flaming Mound', zone 3, un cultivar obtenu récemment au port arrondi, plant compact de 40 à 60 cm de hauteur aux jeunes pousses jaune orangé à rouge orangé évoluant vers un vert tendre, corymbes plats de fleurs rose foncé (photo) ; 'Frœbelii', zone 3, plant vigoureux de 60 cm à 1,20 m de hauteur, fleurs rose foncé réunies en corymbes au sommet des tiges feuillées ; 'Goldflame', zone 3, plant arrondi de 50 à 70 cm de hauteur, nouvelles pousses jaune orangé évoluant vers un vert jaunâtre, fleurs rose foncé réunies en corymbes ; 'Gold Mound', zone 4, plant compact au port arrondi, de 40 à 80 cm de hauteur, nouvelles pousses jaune vif devenant vert jaunâtre, fleurs rose pâle réunies en petits corymbes.

Spiræa japonica
Spirée du Japon

Toujours populaire pour sa floraison prolongée, la spirée du Japon est l'un des géniteurs des spirées bumalda (*Spiræa x bumalda*). Cet arbuste de petite taille, au port arrondi, arbore une multitude de petits corymbes au sommet des tiges feuillées. Ses inflorescences s'épanouissent à la mi-juin ou

à la fin de juin et se renouvellent jusqu'au début ou à la mi-septembre.
Rusticité : zones 3 et 4.
Hauteur : les cultivars issus de la spirée japonaise s'élèvent sur 40 à 70 cm.
Étalement : de 50 à 90 cm.
Époque de floraison : de la fin de juin jusqu'au début de septembre.
Exposition : une situation ensoleillée.
Sol : une terre meuble, plutôt fertile, riche en matière organique et bien drainée.
Culture et utilisation : les spirées japonaises sont appréciées pour la création de plates-bandes mixtes d'arbustes et de vivaces (distance de plantation : 0,60 à 1,00 m). De culture facile, ces arbustes demandent un apport d'eau constant pour une floraison continue. La taille est généralement peu nécessaire. Tôt au printemps, on enlève les tiges brisées et on taille les autres sur 10 à 20 cm. Après quelques années de croissance, on enlève quelques vieilles tiges pour rajeunir le plant. La suppression des inflorescences passées favorise le renouvellement des fleurs.
Cultivars disponibles : l'espèce botanique est peu utilisée, car on lui préfère les cultivars issus de celle-ci : 'Alpina', zone 4, plant compact au port globulaire de 30 à 40 cm de hauteur, petits corymbes de fleurs rose clair; 'Golden Princess', zone 3, port arrondi de 50 à 60 cm de hauteur, au feuillage jaune vif, corymbes de fleurs roses; 'Little Princess', zone 3, plant compact de 30 à 50 cm de hauteur, petits corymbes de fleurs rose pâle; 'Neon Flash', zone 4, plant vigoureux de 50 à 80 cm de hauteur, nouvelles pousses pourprées évoluant vers le vert, aux corymbes de fleurs rose foncé; 'Shirobana' (photo), zone 3, plant compact de 50 à 70 cm de hauteur, aux corymbes de fleurs rose foncé, rose pâle et blanches sur un même plant.

Spiræa x vanhouttei
Spirée Vanhoutte

Toujours populaire, la spirée Vanhoutte est considérée comme l'un des meilleurs arbustes ornementaux. Elle est issue d'un croisement entre les *Spiræa cantoniensis* et *Spiræa trilobata* obtenu chez le pépiniériste Billiard à Fontenay, en France, au milieu du XIXe siècle. Cet arbuste gracieux arbore, à

la fin de mai, une multitude de corymbes globulaires de fleurs blanches.
Rusticité : zone 3.
Hauteur : de 1,80 à 2,20 m.
Étalement : de 1,50 à 2,50 m.
Époque de floraison : de la mi-mai à la mi-juin.
Exposition : une situation ensoleillée ou légèrement ombragée.
Sol : une terre meuble, moyennement fertile et bien drainée.
Culture et utilisation : cette spirée convient autant isolée dans une grande plate-bande mixte d'arbustes ou de vivaces qu'en haie libre où sa floraison attire immédiatement l'intérêt (distance de plantation : de 1 m en haie à 2 m pour les plants utilisés en isolément avec d'autres arbustes). De culture facile, la spirée Vanhoutte n'est pas exigeante quant au type de sol, mais elle performe beaucoup mieux dans un sol fertile et toujours frais. Les plants sujets à une sécheresse sont plus susceptibles d'être affectés par le blanc, une maladie fongique. Tôt au printemps, on peut supprimer quelques vieilles tiges pour aérer et contrôler la croissance de la touffe. On attend la fin de la floraison pour rabattre les tiges les plus vigoureuses.
Cultivars disponibles : 'Pink Ice', zone 4, un cultivar au feuillage bigarré de blanc; 'Renaissance', une amélioration de Vanhoutte plus résistante au blanc et à la rouille.
Espèce apparentée : la *Spiræa nipponica*

est une espèce intéressante, rustique (zone 4), de 0,80 à 1,20 m de hauteur et d'autant en étalement, aux branches d'abord érigées puis retombantes; les fleurs sont réunies en corymbes de fleurs blanches au sommet des tiges feuillées. Deux cultivars sont offerts : 'Halward's Silver', un plant compact au feuillage vert grisâtre; 'Snowmound' (syn. *Spiræa nipponica* var. *tosænsis*) à la floraison particulièrement abondante à la mi-mai, un cultivar méritant une introduction dans votre jardin.

Syringa x prestoniæ
Lilas de Preston

Issus de croisements entre les *Syringa reflexa* et *Syringa villosa*, les lilas de Preston fleurissent environ deux semaines après les lilas communs. Très rustiques, ces arbustes arborent de jolies panicules dans les teintes de rose pâle à rose foncé.
Rusticité : zone 2.
Hauteur : de 2 à 3 m.
Étalement : de 2,50 à 4,00 m.
Époque de floraison : de la fin de mai à la mi-juin ou à la fin de juin.
Exposition : une situation ensoleillée.
Sol : une terre profonde, moyennement fertile, au pH légèrement acide et bien drainée.
Culture et utilisation : un lilas robuste et résistant qui convient autant isolé comme « petit arbre » spécimen sur une pelouse ou en alignement pour créer un écran ou une haie libre (distance de plantation : 2,50 m). De culture facile, exempt de maladies et de ravageurs, le lilas de Preston tolère mal les sols alcalins où sa croissance est affectée; un sol légèrement acide est exigé. Les premières années, une taille de formation peut être nécessaire; il importe de limiter le nombre de tiges ascendantes pour éviter que l'arbuste ne devienne trop touffu. Par la suite, la taille servira à limiter les branches divergentes ou brisées; elle s'effectue après la floraison.
Cultivars disponibles : 'Donald Wyman', boutons des fleurs d'un pourpre s'ouvrant sur un rose moyen; 'Isabella', un port plus compact, de 2 m de hauteur et d'autant en étalement, fleurs rose pâle; 'James McFarlane', fleurs rose foncé à rose moyen; 'Minuet', plant compact à croissance lente, de 2 m de hauteur et d'autant en étalement, boutons floraux d'un pourpre foncé s'ouvrant sur un rose foncé; 'Miss Canada', fleurs rose foncé particulièrement décoratives; 'Nocturne', fleurs lilas; 'Red Wine', boutons floraux rose foncé s'ouvrant sur un rose clair; 'Royalty', fleurs rose foncé pourpré.
Espèces apparentées : deux espèces se distinguent par leur port très compact : le lilas nain de Corée (*Syringa meyeri* 'Palibin') et le lilas de Mandchourie (*Syringa pubescens* ssp. *patula* 'Miss Kim'). Ces petits arbustes s'associent bien aux autres plantes ligneuses et aux vivaces. Les deux présentent un port arrondi et portent, en juin, des panicules coniques d'un rose lilas pâle. Ils atteignent de 1,00 à 1,50 m de hauteur et s'étalent d'autant. Leur rusticité (zones 4 et 4b) est bonne pour le sud-ouest du Québec.

Syringa reticulata
Lilas du Japon

Voici un grand arbuste ou un petit arbre qui plaira à la majorité des amateurs. Originaire de l'Extrême-Orient, ce lilas rustique prend la forme d'un arbre de taille modeste dont les inflorescences apparaissent à la mi-juin ou à la fin de juin. Les grosses panicules, aux fleurs blanc crème, s'épanouissent au-dessus du feuillage.
Rusticité : zone 2.
Hauteur : de 3 à 6 m.
Étalement : de 3 à 5 m.
Époque de floraison : de la mi-juin ou la fin de juin à la mi-juillet.
Exposition : une situation ensoleillée.
Sol : une terre profonde, moyennement fertile, au pH légèrement acide et bien drainée.
Culture et utilisation : le lilas du Japon est parfait isolé sur un parterre comme petit arbre d'ornement. Il croît dans tous les types

de sol mais préfère une terre meuble. La taille est rarement nécessaire.
Cultivar disponible : 'Ivory Silk', un cultivar plus compact que l'espèce botanique, de 4 à 5 m de hauteur, au port plus ovale et aux fleurs d'un blanc crème.

Syringa vulgaris
Lilas des jardins

Ce lilas fait partie des arbustes composant les abords de nos vieux jardins. L'espèce botanique est maintenant délaissée au profit des nombreux et magnifiques hybrides français développés depuis le milieu du XIXe siècle. Il se distingue peu du lilas commun des jardins, mais ces nouveaux cultivars arborent de jolies panicules coniques, aux fleurs simples ou doubles, aux coloris variés.
Rusticité : zone 3.
Hauteur : de 3,00 à 4,50 m.
Étalement : de 2,50 à 3,00 m.
Époque de floraison : de la mi-mai à la mi-juin.
Exposition : une situation ensoleillée ou légèrement ombragée.
Sol : une terre profonde, moyennement fertile et bien drainée.
Culture et utilisation : tous les lilas français sont utiles isolés sur une pelouse ou à proximité d'une fondation d'une résidence où leur floraison devient un élément décoratif incontournable. En alignement, ces arbustes forment une haie libre de haute taille (distance de plantation : 2 m). La taille est rarement nécessaire. Pour favoriser un renouvellement annuel de la floraison, il importe de supprimer les inflorescences fanées.
Cultivars disponibles : 'Belle de Nancy', fleurs doubles d'un rose lilacé ; 'Charles Joly', fleurs doubles rose pourpre ; 'Katherine Havemeyer', boutons floraux rose moyen s'ouvrant sur un lavande rosé très pâle ; 'Michel Buchner', fleurs doubles aux pétales rose lilas et cœur blanc ; 'Mme Lemoine', fleurs doubles blanc pur ; 'Monge', fleurs simples, rose pourpre foncé ; 'Mrs. Edward Harding', fleurs doubles rose violacé : 'Olivier de Serres', fleurs simples lavande rosé ; 'Président Grévy', fleurs doubles, lilas bleuté ; 'Prodigue', fleurs doubles rose violacé ; 'Sensation', fleurs violacées bordées de blanc (photo) ; 'Souvenir de Louis Spaëth', fleurs simples rose violacé ; 'Victor Lemoine', fleurs doubles, lavande pâle ; 'Sweetheart', boutons floraux rose foncé s'ouvrant sur un rose clair.
Espèce apparentée : le *Syringa x hyacinthiflora*, issu d'un croisement entre les

Syringa oblata et *Syringa vulgaris*, a donné un certain nombre de cultivars assez similaires aux lilas français, dont : 'Assessippi', aux fleurs simples d'un lavande très pâle ; 'Blue Hyacinth', fleurs lilas rosé ; 'Maiden Blush', un magnifique cultivar aux fleurs rose pâle.

Tamarix ramosissima
Tamarix de Russie

Ce grand arbuste porte de longues tiges érigées et retombantes de petites feuilles écailleuses ressemblant à celles de certains genévriers. Les tamarix arborent de petits épis de fleurs roses réunies en panicules plutôt lâches. La floraison du tamarix de Russie se renouvelle régulièrement jusqu'au milieu ou à la fin de septembre. Cette espèce était autrefois connue sous le nom scientifique de *Tamarix pentandra*.

Rusticité : zone 3.

Hauteur : de 2,50 à 3,00 m.

Étalement : de 2,00 à 2,50 m.

Époque de floraison : de la fin de juillet ou du début d'août, se renouvelant jusqu'au milieu ou à la fin de septembre.

Exposition : une situation ensoleillée.

Sol : une terre meuble, plutôt sablonneuse et bien drainée.

Culture et utilisation : isolé sur une pelouse ou en association avec d'autres arbustes en plantation de fondation, son port gracieux et sa floraison abondante et spectaculaire offrent un attrait incomparable (distance de plantation : 2,00 à 2,50 m). De culture facile, le tamarix de Russie préfère les sols meubles et bien drainés ; il tolère bien les sols salés. On le conseille donc dans les plates-bandes où le sel de déglaçage cause des problèmes de croissance à d'autres arbustes. La taille favorise le maintien d'un port plus compact ; on supprime, au printemps, les tiges brisées ou divergentes, puis on rabat celles-ci de moitié ou plus.

Cultivars disponibles : 'Pink Cascade' présente des épis de fleurs d'un rose soutenu ; 'Summer Glow' est un cultivar à la floraison hâtive dont les panicules s'épanouissent dès la fin de juin ou le début de juillet.

Espèce apparentée : le tamarix à petites feuilles (*Tamarix parviflora*) est une espèce à floraison printanière, assez semblable au tamarix de Russie, dont la rusticité est nettement moindre (zone 5b). Pour le voir fleurir, il faut l'introduire sur un emplacement bien protégé des vents dominants.

Weigela x hybrida
Weigela hybride

Les espèces et les nombreux cultivars du genre *Weigela* sont parmi les arbustes ornementaux les plus utiles et les plus florifères. Depuis quelques années, le nombre de cultivars offerts ne cesse d'augmenter pour le plus grand plaisir des amateurs. Au printemps, les fleurs tubulaires se développent en cymes lâches au sommet des tiges feuillées. Le coloris des fleurs varie selon les cultivars.

Rusticité : zones 4 ou 5 selon les espèces et les cultivars.

Hauteur : de 50 à 70 cm pour les plants compacts à plus de 2 m pour les spécimens de grande taille.

Étalement : de 1,00 à 1,75 m.

Époque de floraison : de la fin de mai à la fin de juin avec une certaine remontance, surtout avec les nouveaux cultivars, en septembre.

Exposition : une situation ensoleillée à mi-ombragée.

Sol : une terre meuble, moyennement fertile et bien drainée.

Culture et utilisation : les spécimens de grande taille conviennent bien isolés sur une pelouse ou pour la confection d'une haie libre (distance de plantation : 1,50 m) ; tous les cultivars offerts s'associent parfaitement aux autres arbustes ou aux plantes herbacées (vivaces ou annuelles), soit en plantation de fondation d'une résidence ou dans une plate-bande mixte. Bien que ces arbustes tolèrent tous les types de sol, leur croissance et leur floraison sont favorisées par une terre meuble, fertile et fraîche. La taille se fait après la floraison printanière ; on procède à la suppression des tiges brisées ou divergentes. Après quelques années, on enlève quelques vieilles tiges pour rajeunir l'arbuste.

Cultivars disponibles : 'Abel Carrière', plant robuste aux grandes fleurs rose moyen ; 'Briant Rubidor' (photo), un cultivar assez particulier avec son feuillage jaune vif et ses fleurs rouge intense se renouvelant régulièrement ; 'Bristol Ruby' (photo), un plant vigoureux, de 2,00 à 2,50 m de hauteur et d'autant en étalement, aux fleurs rouge cramoisi ; 'Bristol Snowflake', aux fleurs d'un blanc pur ; 'Carnaval', un plant plus compact de 1,25 à 1,50 m de hauteur, aux fleurs bicolores, à la corolle rouge ou rose pâle (photo) ; 'Evita', plant compact dépassant à peine 80 cm de hauteur, aux fleurs rouges ; 'Java Red' (syn. *Weigela florida* 'Foliis Purpurea'), un cultivar au feuillage pourpre foncé et aux fleurs rose pâle ; 'Lucifer', floraison très remontante aux fleurs rouge vif ; 'Minuet', un plant très compact de 50 à 70 cm de hauteur et d'étalement, fleurs rose moyen ; 'Pink Princess', au port irrégulier, fleurs rose pâle ; 'Red Prince', un cultivar de croissance lente aux fleurs rouges ; 'Rumba', plant compact et plutôt étalé de 60 à 80 cm de hauteur et de 0,90 à 1,20 m d'étalement, fleurs rose pourpre ; 'Samba' au feuillage pourpre et aux fleurs rose moyen.

Espèce apparentée : l'espèce *Weigela florida* a donné trois cultivars fort intéressants : 'Purpurea Nana', connu également sous les noms de '*Foliis Purpureis*' et 'Java Red', offrant un feuillage pourpre et des fleurs rose pâle ; 'Variegata', un cultivar semblable au précédent mais au port plus compact de 60 à 80 cm de hauteur et d'étalement.

Weigela 'Carnaval'

9. Des rosiers faciles d'entretien

Depuis fort longtemps, les rosiers et sa fleur, la rose, intéressent un grand nombre d'amateurs. Depuis une vingtaine d'années, le choix des rosiers disponibles dans les centres-jardins et les pépinières a beaucoup évolué. Les rosiers hybrides de thé, les ***floribunda*** et les ***grandiflora*** furent longtemps les seuls offerts. Bien que fort appréciés pour leurs fleurs superbes et leur floraison abondante et continue, ces rosiers souffrent d'une faible tolérance à nos hivers rigoureux. Même avec une bonne protection hivernale, ces rosiers hybrides modernes dépérissent souvent sous notre latitude.

Pour notre plus grand bonheur, on trouve désormais un grand nombre de nouvelle lignées de rosiers rustiques qui n'exigent pas une protection hivernale particulière. Ces rosiers arbustifs modernes sont conçus dans plusieurs centres de recherche en Europe et en Amérique du Nord. Parmi ceux-ci, nous pouvons citer une quarantaine de cultivars des séries **Explorateur** et **Parkland** issus des programmes d'hybridation d'Agriculture Canada à Ottawa (zone 5), de l'Assomption (zone 4b) et de Morden au Manitoba (zone 3). À ces rosiers rustiques, nous pourrions ajouter un certain nombre de rosiers créés par l'hybrideur Wilhelm Kordes, de l'entreprise Kordes Sohne à Elmshorn dans le nord de l'Allemagne et ceux de la firme Meilland-Richardier en France. Cette dernière commercialise des rosiers arbustifs et des rosiers couvre-sols sous l'appellation « rosiers Meidiland ».

Outre ces rosiers arbustifs modernes, l'amateur peut également se procurer facilement des rosiers rugueux (***Rosa rugosa***) et les nombreux cultivars et variétés issus de cette espèce. Très robustes et rustiques (zone 3b), les nouveaux cultivars présentent, pour un grand nombre d'entre eux, une floraison remontante ou continue. Ces rosiers arbustifs rustiques portent de jolies fleurs et se prêtent à de multiples usages ; ils constituent des massifs, des haies libres, des écrans ou s'associent à la majorité des autres arbustes, des vivaces et des annuelles. Quelques-uns sont très appréciés pour leurs fleurs à couper.

Les rosiers ne sont pas des arbustes aux exigences démesurées ; leur culture est relativement simple. Il est vrai que la « reine des fleurs » commande certains égards, mais ceux-ci sont compensés par une vigueur souvent peu commune et une floraison abondante et régulière.

La culture des rosiers

Tous les rosiers demandent une situation pleinement ensoleillée, c'est-à-dire de 8 à 12 heures d'ensoleillement par jour, bien que quelques cultivars, comme les rosiers 'Ballerina', 'Jens Munk', 'John Cabot', 'Martin Frobisher', 'Prairie Dawn' et 'William Baffin' fleurissent avec seulement 5 à 6 heures de plein soleil par jour.

Ces arbustes exigent un sol humide, profond, riche en matière organique, plutôt argileux que sablonneux, de pH légèrement acide. Le pH idéal est de 6,5. Un pH équilibré favorise l'assimilation de tous les éléments minéraux contenus dans le milieu de culture. Le drainage est fort important ; les rosiers tolèrent mal les sols au drainage déficient. Il est fréquent d'observer des plants rustiques qui dépérissent par asphyxie des racines causée par une stagnation d'eau tard à l'automne ou tôt au printemps.

La préparation du sol est importante ; le trou de plantation sera profond de 40 à 50 cm et ameubli sur autant en diamètre. On ajoute une bonne quantité de matière organique sous la forme de fumier composté et de tourbe de sphaigne. Nous vous conseillons d'incorporer un engrais granulaire chimique de fond de formule (5-10-5) ou l'équivalent et 100 g d'os moulu par trou de plantation.

Les rosiers préfèrent un emplacement aéré. Cela favorise l'évaporation de la rosée sur le feuillage et aide les plants à résister au développement de certaines maladies cryptogamiques favorisées par une humidité excessive et persistante. En respectant l'espacement requis entre les rosiers, vous favorisez également leur croissance. Les distances de plantation recommandées sont très variables selon l'étalement des rosiers arbustifs modernes.

Pour obtenir une floraison abondante et des plants sains et vigoureux, il faut prodiguer à vos rosiers certains soins. Tous ces arbustes demandent des apports réguliers d'eau. Il faut donc profiter des périodes d'arrosage permises par les municipalités pour maintenir une certaine humidité au milieu de culture. Les plates-bandes portant majoritairement des rosiers bénéficieront d'une couche de paillis pour ralentir l'évaporation en surface. La plupart des nouveaux cultivars exigent une fertilisation régulière. Un premier apport d'engrais est effectué, tôt au printemps, au début de la feuillaison ; une formule contenant une bonne proportion d'azote favorisera le développement des tiges et du feuillage. Une seconde fertilisation vers la mi-juin ou au début de juillet est recommandée ; nous conseillons une formule moins riche en azote. Après la fin de juillet, aucune fertilisation n'est apportée aux rosiers pour favoriser l'aoûtement des tiges.

Supprimer les fleurs fanées des cultivars modernes favorise l'apparition de nouvelles fleurs. Les plants greffés émettent parfois des rejets prenant naissance sur le porte-greffe. Ces rejets, que l'on nomme des gourmands, se reconnaissent généralement par la teinte et le nombre de folioles de leurs feuilles, qui sont différents du greffon (cultivar implanté sur le porte-greffe). Ils doivent être supprimés parce qu'ils épuisent le rosier jusqu'à le faire périr. On arrache le gourmand à la base du rosier.

Description des espèces et des cultivars*

Rosa 'Alexander Mackenzie'

Ce rosier arbustif vigoureux est issu d'un croisement entre un rosier *grandiflora*, le 'Queen Elizabeth', et un jeune plant rustique obtenu par un croisement entre un arbuste, le 'Red Dawn', et un hybride de *spinossissima*, le 'Suzanne'. Ce cultivar arbore de jolies fleurs ressemblant à celles des hybrides modernes en forme de coupe globulaire, de 6 à 7 cm de diamètre, bien doubles et comptant de 40 à 50 pétales, d'un rouge foncé.

Rusticité : zone 3b.
Hauteur : de 1,35 à 1,80 m.
Étalement : de 0,80 à 1,35 m.
Époque de floraison : de la fin de juin à la fin d'octobre.
Exposition : une situation pleinement ensoleillée.
Sol : une terre meuble, riche en matière

*Les cultivars 'John Cabot', 'William Baffin', 'Morden Centennial', 'Ballerina', 'Mother's Day', 'Robusta' et 'Héritage' sont décrits et illustrés dans le chapitre portant sur l'étude d'un cas.

organique, fertile et bien drainée.
Culture et utilisation : le rosier 'Alexander Mackenzie' est certainement le rosier arbustif rustique qui ressemble le plus à un rosier hybride moderne. Il est cependant plus vigoureux et nettement plus rustique. Sa floraison est continue et abondante. En massif ou isolé, en association avec d'autres arbustes et des vivaces, ce cultivar deviendra un élément vedette de votre aménagement (distance de plantation : 0,80 à 1,35 m). Il est résistant au blanc et à la tache noire. Pour conserver la vigueur des plants, il faut tailler court et ne laisser que 20 cm de tiges au printemps.

Rosa 'Bonica 82'

Ce cultivar est le plus illustre représentant d'un groupe de rosiers arbustifs offerts par la firme Meilland-Richardier de France connu sous le nom de rosiers **Meidiland**. Connu sous le nom de 'Bonica', ce cultivar a gagné la distinction *All-American Rose Selection* en 1987. Ce plant a un port étalé, des corymbes composés de 8 à 12 fleurs bien doubles comptant jusqu'à 40 pétales d'un rose pâle.
Rusticité : zone 4a.
Hauteur : de 60 à 90 cm.
Étalement : de 1,00 à 1,50 m.
Époque de floraison : de la fin de juin à la fin d'octobre.
Exposition : une situation ensoleillée.
Sol : une terre meuble, riche en matière organique, fertile et bien drainée.
Culture et utilisation : ce cultivar à la floraison abondante et continue convient aussi bien à une plate-bande mixte avec d'autres arbustes qu'en massif (distance de plantation : 0,90 à 1,35 m). La culture en pot n'entrave nullement son abondante floraison. De culture facile, il demande une fertilisation régulière et des apports d'eau réguliers. Sa résistance au blanc et à la tache noire est remarquable. Une taille courte ne laissant que 15 à 20 cm de tige favorise la vigueur des plants.
Cultivar apparenté : 'La Sévillana' est un autre cultivar intéressant, d'une rusticité moindre (zone 5), aux fleurs semi-doubles, aux pétales rouge vermillon.

Rosa 'Champlain'

Ce cultivar est un hybride complexe obtenu en 1982 par le Dr Félicitas Svejda, d'Agriculture Canada, dont l'aspect général nous rappelle les rosiers *floribunda*. Il porte de jolies fleurs de 5 à 6 cm de diamètre, doubles et comptant jusqu'à 30 pétales, d'un rouge carmin.

Rusticité : zone 4a avec une bonne couche de neige.
Hauteur : de 0,80 à 1,00 m.
Étalement : de 1,00 à 1,25 m.
Époque de floraison : de la fin de juin à la fin d'octobre.
Sol : une terre meuble, fertile et bien drainée.
Culture et utilisation : le rosier 'Champlain' s'associe bien aux autres arbustes et aux vivaces ; il donne de magnifiques massifs. En haie basse, l'effet est saisissant (distance de plantation : 70 à 80 cm). Ce cultivar est résistant à la tache noire mais sensible, en fin de saison, au blanc. Un traitement préventif, à la fin de juillet et au début d'août, prévient le développement de cette maladie cryptogamique. Au printemps, on taille les tiges pour ne laisser que 15 à 20 cm de hauteur.
Cultivar apparenté : le cultivar 'John Franklin' est assez similaire, aux fleurs d'un rouge légèrement orangé, sur des tiges de 0,60 à 0,80 cm. En période de sécheresse, cet arbuste est sensible à la rouille.

Rosa fœtida 'Persiana'
Rosier jaune de Perse

Originaire de Perse, ce magnifique rosier arbustif fut introduit en Angleterre en 1837. Il fut cultivé pendant de nombreuses années dans les vieux jardins, mais ce cultivar est maintenant délaissé pour des rosiers plus modernes et plus florifères, ce qui est fort malheureux. À la fin du printemps, ce grand arbuste porte des fleurs doubles de 5 à 8 cm de diamètre, d'un beau coloris jaune vif.
Rusticité : zone 5.
Hauteur : de 1,50 à 2,50 m.
Étalement : de 1,25 à 2,00 m.
Époque de floraison : à la mi-juin, la floraison est non remontante.
Exposition : une situation ensoleillée ou légèrement ombragée.
Sol : une terre meuble, profonde et bien drainée.
Culture et utilisation : bien que moins rustique que les autres rosiers présentés dans ce chapitre, le rosier jaune de Perse à fleurs doubles égaie une plate-bande par sa floraison spectaculaire. Cet arbuste demande, dans le sud-ouest du Québec, un emplacement protégé des vents dominants ; un milieu de culture appuyé sur la façade sud d'une résidence favorise son développement. Au printemps, on supprime le bois mort et, au besoin, on enlève les tiges qui s'entrecroisent ou qui sont vieillissantes. Il peut être sensible à la tache noire ; des traitements préventifs seront recommandés au besoin.
Cultivar apparenté : le cultivar 'Bicolor', également nommé 'Austrian Copper', se démarque par ses fleurs simples d'un orange cuivré assez singulier.

Rosa 'Henry Hudson'

Un cultivar hybride *rugosa*, issu d'un semis obtenu d'une pollinisation directe du rosier 'Schneezwerg'. Ce rosier plaira à un grand nombre d'amateurs pour sa rusticité et sa floraison abondante et continue. Probablement un des meilleurs cultivars de la lignée de rosiers *rugosa*. Il porte une multitude de fleurs, de 6 à 7 cm de diamètre, aux fleurs d'un blanc presque pur ou d'un blanc à peine teinté de rose. À la mi-juin, l'arbuste se couvre complètement de fleurs.
Rusticité : zone 3.
Hauteur : de 50 à 90 cm, parfois plus après une dizaine d'années de culture.
Étalement : de 0,80 à 1,25 m.
Époque de floraison : de la mi-juin au début d'octobre.

Exposition : une situation ensoleillée.
Sol : une terre préférablement meuble et bien drainée.
Culture et utilisation : cet arbuste tolère tous les types de sols bien drainés mais performe mieux dans un sol meuble et fertile. Il faut l'introduire en devanture de la façade sud d'une résidence pour cacher des fondations peu esthétiques (distance de plantation : 0,80 à 1,10 m). En haie libre, il donne un effet très intéressant. La taille est généralement non nécessaire ; on supprimera les tiges mortes ou brisées. Après quelques années de culture, il est recommandé de se départir des vieilles tiges pour rajeunir le plant. Le rosier 'Henry Hudson' résiste bien au blanc et à la tache noire.

Rosa 'J.P. Connell'

Un cultivar très intéressant qui n'a pas bénéficié de toute l'attention convenant à ses nombreuses qualités. Issu du programme d'hybridation d'Agriculture Canada, il est le fruit d'un croisement entre un rosier *floribunda*, le 'Arthur Bell', et un semis du rosier arbustif, le 'Von Scharnhort'. Cet arbuste ressemble effectivement aux cultivars des rosiers *floribunda:* le 'J.P. Connell' arbore des fleurs doubles, bien formées, de 7 à 9 cm de diamètre, aux pétales d'un blanc légèrement teinté de jaune.
Rusticité : zone 4a.

Hauteur : de 0,70 à 1,35 m.
Étalement : de 50 à 70 cm.
Époque de floraison : une première floraison très abondante à la fin de juin, puis une bonne remontance ensuite jusqu'à la fin d'octobre.
Exposition : une situation ensoleillée.
Sol : une terre meuble, fertile, riche en ma-

tière organique, bien drainée et toujours fraîche.

Culture et utilisation : ce cultivar remplace avantageusement la plupart des rosiers hybrides modernes aux fleurs blanches ou blanc crème. Très rustique, il s'associe parfaitement aux autres arbustes et aux vivaces (distance de plantation : 50 à 80 cm). Attention ! ce cultivar offre une bonne remontance dans un sol fertile après quelques années de mise en culture. Les jeunes plants nouvellement introduits fleurissent abondamment à la fin de juin mais très peu après. Après deux à quatre ans de culture, la floraison est remontante. Ce rosier peut être sensible à la tache noire s'il est soumis à une période de sécheresse plus ou moins prolongée ; des arrosages réguliers sont recommandés.

Rosa 'John Davis'

Un cultivar remarquable de la série **Explorateur** d'Agriculture Canada obtenu d'un croisement entre le *Rosa x kordesii* et un plant issu d'une hybridation entre le rosier arbustif, le 'Red Dawn', et un hybride de *spinosissima*, le 'Suzanne', dont les fleurs rose pâle, bien doubles, pouvant compter jusqu'à 40 pétales, sont réunies en corymbes de 7 à 15 fleurs.

Rusticité : zone 4.

Hauteur : de 0,60 à 1,00 m.

Étalement : de 1,00 à 1,50 m, quelquefois plus.

Époque de floraison : de la fin de juin à la fin d'octobre.

Exposition : une situation ensoleillée.

Sol : une terre meuble, fertile et bien drainée.

Culture et utilisation : à introduire en massif de plusieurs plants ou en association avec d'autres arbustes et des vivaces (distance de plantation : 0,90 à 1,35 m). De culture facile, ce cultivar est apprécié pour sa grande floribondité. Il résiste bien au blanc et à la tache noire. Je conseille une taille courte, en laissant des tiges de 20 à 30 cm, pour favoriser un plant compact de 80 à 90 cm de hauteur, alors qu'une taille haute développe des arbustes de grande taille.

Rosa 'Louis Jolliet'

Ce rosier encore peu connu et peu diffusé mérite certainement un essai dans les jardins québécois. Issu de croisements complexes, cet arbuste de la série **Explorateur** porte des fleurs d'un rose moyen, au parfum épicé, de 7 cm de diamètre, comptant jusqu'à 35 pétales. Les fleurs sont réunies en corymbes de 3 à 10 fleurs.

Rusticité : zone 4.
Hauteur : de 50 à 80 cm, nettement plus si on attache les tiges à un support.
Étalement : de 1,00 à 1,50 m.
Époque de floraison : une floraison continue de la fin de juin à la fin de septembre.
Exposition : une situation ensoleillée.
Sol : une terre meuble, fertile et bien drainée.
Culture et utilisation : le rosier 'Louis Jolliet' est présenté comme un rosier grimpant rustique bien qu'il soit plus souvent vendu et utilisé comme rosier arbustif aux tiges d'abords érigées puis retombantes. Ses fleurs vieillissantes se colorent d'un rose plus foncé et se démarquent bien des fleurs à peine écloses, d'un rose moyen. Il résiste bien au blanc et à la tache noire.

Rosa 'Marie Victorin'

Ce nouveau cultivar de la série **Explorateur** mis en marché en 1998 souligne l'apport du célèbre botaniste québécois. Cet arbuste est le fruit d'un croisement entre le rosier *floribunda* 'Arthur Bell' et le rosier arbustif rustique 'John Davis'. Il arbore de jolies fleurs de 7 à 9 cm de diamètre, rose pâle et pêche. Elles sont solitaires ou réunies en corymbes comptant de 2 à 6 fleurs. Il est considéré comme un rosier grimpant par les chercheurs d'Agriculture Canada mais peut être cultivé comme rosier arbustif.
Rusticité : zone 4 et peut-être 3b.
Hauteur : de 0,80 à 1,20 m et plus, si ses tiges sont palissées.
Étalement : de 0,70 à 1,25 m.
Époque de floraison : de la fin de juin à la fin de septembre.
Exposition : une situation ensoleillée.
Sol : une terre meuble, riche en matière organique, fertile et bien drainée.
Culture et utilisation : ce rosier semble prometteur ; le 'Marie Victorin' arbore des fleurs qui s'ouvrent sur un coloris rose pêche puis vieillissant en rose pâle. Il est encore trop tôt pour lui attribuer une catégorisation particulière mais il présente un grand intérêt comme rosier spécimen dans une plate-bande mixte avec d'autres arbustes et des vivaces. On le dit résistant au blanc et à la tache noire.

Rosa 'Martin Frobisher'

Ce cultivar est le premier cultivar homologué de la série **Explorateur**, dérivé d'une pollinisation libre du rosier *rugosa* 'Schneezwerg'. Cet arbuste vigoureux présente des tiges rougeâtres peu épineuses. Celles-ci arborent, à leur sommet, des corymbes de fleurs doubles, de 5 à 6 cm de diamètre, d'un rose tendre, parfumées, comptant jusqu'à 40 pétales.
Rusticité : zone 4.
Hauteur : de 1,50 à 2,00 m.
Étalement : ce rosier drageonne facilement et le plant a tendance à s'étendre, de

0,80 à 1,20 m et plus s'il n'est pas maîtrisé.
Époque de floraison : de la mi-juin à la mi-septembre.
Exposition : une situation ensoleillée.
Sol : tous les types de sol, mais préfère une terre meuble, fertile, fraîche et bien drainée.
Culture et utilisation : un arbuste vigoureux, de culture très facile, parfait comme plante d'arrière-plan dans une plate-bande de fleurs ou en association avec d'autre arbustes dans l'aménagement d'une devanture de résidence (distance de plantation : 0,90 à 1,30 m). Il faut se départir des fleurs passées pour favoriser le renouvellement de la floraison. Le cultivar 'Martin Frobisher' est sensible à la tache noire et au chancre cytosporéen. Il faut stériliser (en vaporisant de l'alcool à friction) les outils de taille entre chaque plant et mieux entre chaque coupe. Au printemps, on taille les plants du tiers ou de la moitié pour favoriser la vigueur des spécimens. Pour la même raison, on supprime annuellement quelques vieilles tiges, ce qui rajeunira le plant.

Rosa 'Morden Blush'

Un superbe cultivar de la série **Parkland** développé à la station de recherche de Morden au Manitoba. Très rustique, ce rosier, homologué en 1988, est issu de croisements fort complexes. Pour notre plus grand plaisir, le rosier 'Morden Blush' arbore des fleurs doubles, de 6 à 7 cm de diamètre, rose pêche très pâle durant les périodes chaudes de l'été et rose pêche plus foncé lorsque le temps fraîchit.
Rusticité : zone 3.
Hauteur : de 50 à 80 cm.
Étalement : de 50 à 90 cm.
Époque de floraison : de la mi-juin à la fin de septembre.
Exposition : une situation ensoleillée.
Sol : une terre meuble, riche en matière organique, fertile et bien drainée.
Culture et utilisation : ce magnifique cultivar est parfait en devanture d'une plate-bande d'arbustes ou de vivaces (distance de plantation : 50 à 80 cm). Pour un arbuste vigoureux et florifère, des apports d'engrais réguliers sont recommandés. Au printemps, on taille les plants pour ne laisser que 15 à 20 cm de tiges. Il offre une excellente résistance aux maladies.
Cultivar apparenté : le 'Morden Amorette' est un plant compact, de 30 à 50 cm de hauteur et de 40 à 70 cm d'étalement, arborant des fleurs doubles d'un rose orangé vif. La rusticité de ce cultivar (zone 3) est excellente.

Rosa 'Morden Fireglow'

Cet autre cultivar de la série **Parkland** est particulièrement apprécié pour sa grande rusticité et sa floribondité. Il se distingue des autres rosiers de cette série par ses fleurs d'un rouge écarlate lumineux. Chaque fleur, de 6 à 8 cm de diamètre, se compose de 28 pétales ; elles s'épanouissent en solitaires ou groupées jusqu'à cinq au sommet des tiges feuillées.
Rusticité : zones 3 et 2b avec une protection hivernale.
Hauteur : de 50 à 70 cm.
Étalement : de 50 à 70 cm.
Époque de floraison : de la mi-juin à la fin de septembre.
Exposition : une situation ensoleillée.
Sol : une terre meuble, fertile, fraîche et bien drainée.
Culture et utilisation : un cultivar à introduire dans une association mixte d'arbustes et de vivaces (distance de plantation : 50 à

Rosa 'Morden Fireglow'

70 cm). De culture facile, le rosier 'Morden Fireglow' offre une floraison continue pour autant que le sol soit fertile et toujours frais. Il possède une certaine résistance au blanc et à la tache noire.

Cultivar apparenté : le 'Morden Ruby' est également un autre rosier de la série **Parkland** dont les fleurs rouge rubis souvent lignées de rouge donnent un effet particulier à une composition florale. Très rustique (zone 3). Ses tiges s'élèvent sur 60 à 90 cm de hauteur et s'étalent d'autant.

Rosa 'Prairie Dawn'

Ce cultivar est issu d'un croisement complexe effectué à la ferme expérimentale d'Agriculture Canada à Morden, au Manitoba, en 1959. Ce grand arbuste est passé inaperçu bien qu'il possède des qualités ornementales indéniables. Il porte des fleurs semi-doubles à doubles, de 6 à 7 cm de diamètre, d'un rose pâle.

Rusticité : zone 3.

Hauteur : de 1,50 à 2,25 m et même plus si les tiges sont palissées.

Étalement : de 1,25 à 1,75 m.

Exposition : une situation ensoleillée à légèrement ombragée.

Époque de floraison : une première floraison abondante au milieu ou à la fin de juin et une bonne remontance ensuite jusqu'à la fin d'octobre.

Sol : une terre préférablement meuble, moyennement fertile et bien drainée.

Culture et utilisation : un grand arbuste parfait pour constituer un écran ou une haie libre de haute taille. Le rosier 'Prairie Dawn' est également utile devant une fondation ou des éléments architecturaux peu esthétiques. Une fois palissé, ce rosier devient un grimpant pouvant atteindre de 2,25 à 3,00 m de hauteur. Il est résistant au blanc et à la tache noire. Une taille légère maintient son port élancé ; une taille plus sévère, pour laisser des tiges de 0,80 à 1,00 m, donne un arbuste plus compact.

Rosa 'Quadra'

Ce nouveau cultivar de la série **Explorateur** d'Agriculture Canada est remarquable pour ses longues tiges portant un grand nombre de fleurs doubles rouge foncé, de 8 cm de diamètre, comptant jusqu'à 66 pétales. Les fleurs sont solitaires ou réunies en corymbes de 2 à 6 le long des tiges feuillées.

Rusticité : zone 3b.

Hauteur : de 1,80 à 2,25 m.

Étalement : de 0,80 à 1,35 m.

Époque de floraison : de la mi-juin à la fin de septembre.

Exposition : une situation ensoleillée.

Sol : une terre meuble, moyennement fertile et bien drainée.

Culture et utilisation : les rosiers grimpants rustiques, ne nécessitant pas de protection hivernale, sont toujours appréciés et le cultivar 'Quadra' deviendra un rosier de premier plan pour son abondante floraison continue. Pour maintenir une grande vigueur à cet arbuste, il importe de lui offrir un milieu de culture fertile, riche en matière organique et toujours frais. Il est résistant au blanc et à la tache noire.
Cultivar apparenté : le 'Henry Kelsey' est un autre cultivar rustique (zone 4) de la série **Explorateur**, homologué en 1984, aux longues tiges de 2,00 à 2,25 m et portant un grand nombre de fleurs doubles d'un rouge franc, de 6 à 8 cm de diamètre, réunies en corymbes de 5 à 9 fleurs.

Rosa rubrifolia
Rosier à feuilles rouges

Ce rosier, également connu sous le nom scientifique de *Rosa glauca*, se caractérise par son feuillage foncé aux reflets pourpres. Cet arbuste buissonnant de grande taille arbore un grand nombre de petites fleurs simples d'une coloration rose pâle à rose foncé. Une fois fécondé, ce rosier donne des fruits de couleur orangée.
Rusticité : zone 3.
Hauteur : de 1,80 à 2,20 m.
Étalement : de 1,50 à 2,25 m.
Époque de floraison : de la mi-juin au début de juillet.
Exposition : une situation ensoleillée.
Sol : cet arbuste préfère un sol meuble, profond, moyennement fertile et bien drainé.
Culture et utilisation : la beauté de son feuillage est utile comme écran ou en haie libre de haute taille (distance de plantation : 1,50 à 2,00 m). Le *Rosa rubrifolia* convient également à l'arrière-plan d'un grand massif. En période de sécheresse, il est sujet à certaines maladies fongiques comme la rouille et le blanc; des arrosages réguliers sont recommandés et, au besoin, des traitements phytosanitaires. Une taille basse lui donne un port compact; une taille légère favorise son port élancé.

Rosa 'Simon Fraser'

Un nouveau cultivar de la série **Explorateur**, homologué en 1992, et offert depuis peu dans certains centres-jardins. Ce plant compact porte des fleurs d'abord simples à cinq pétales puis, un peu plus tard en saison, des fleurs semi-doubles, de 5 à 6 cm de diamètre, comptant de 12 à 22 pétales, d'un rose moyen.
Rusticité : zone 4.
Hauteur : de 40 à 60 cm.
Étalement : de 50 à 80 cm.
Époque de floraison : de la mi-juin à la fin de septembre.
Exposition : une situation ensoleillée.
Sol : une terre meuble, moyennement fertile et bien drainée.
Culture et utilisation : un rosier compact à introduire en devanture d'une plate-bande ou d'un massif (distance de plantation : 50 à 80 cm). On peut l'associer aux vivaces dans un aménagement mixte. Au printemps, on taille de moitié les tiges pour ne laisser que 20 à 25 cm.

Rosa 'Sympathie'

Ce rosier créé par Wilhelm Kordes et mis en marché en 1964 tarde à connaître une large diffusion chez nous. Sa vigueur et sa

Rosa 'Simon Fraser'

floribondité sont maintenant bien établies sous notre climat. Ce cultivar arbore des fleurs doubles, bien formées, d'un rouge intense, ressemblant à celles des hybrides de thé. Les fleurs sont groupées par 3 à 7 tout au long des tiges feuillées.

Rusticité : zone 5 sans protection hivernale et peut-être 4b.
Hauteur : de 2,50 à 4,00 m.
Étalement : de 1,50 à 2,00 m.
Époque de floraison : une première floraison très abondante au milieu ou à la fin de juin et une bonne remontance ensuite.
Exposition : une situation ensoleillée.
Sol : une terre meuble, fertile, riche en matière organique et bien drainée.
Culture et utilisation : un magnifique rosier grimpant qui ne nécessite pas une protection hivernale particulière s'il est placé près d'un mur orienté vers le sud. Il faut le commander de firmes spécialisées, car ce cultivar est encore peu diffusé dans les centres-jardins. On lui reconnaît une certaine sensibilité à la tache noire ; des traitements phytosanitaires préventifs sont recommandés.
Cultivars apparentés : le cultivar 'Dormund' arbore des fleurs simples d'un rouge intense et au centre blanc sur des tiges vigoureuses pouvant atteindre de 3 à 4 m de hauteur ; le cultivar 'Illusion' est aussi l'œuvre de l'hybrideur Kordes. Il s'orne de fleurs

semi-doubles d'un rouge franc. Rustiques (zone 5), les deux cultivars mentionnés fleurissent abondamment et offrent une bonne remontance.

Rosa 'Thérèse Bugnet'
Ce cultivar développé au Canada et commercialisé depuis 1950 demeure un choix intéressant. Cet arbuste, aux tiges peu épineuses et rougeâtres, porte des fleurs doubles, modérément parfumées, d'un rose moyen à rose foncé, de 8 à 9 cm de diamètre, comptant jusqu'à 35 pétales. Sa floraison est remontante.
Rusticité : zone 4.
Hauteur : de 1,20 à 1,80 m.
Étalement : de 1,20 à 1,50 m.
Époque de floraison : de la mi-juin à la fin de septembre.
Exposition : une situation ensoleillée.
Sol : une terre meuble, profonde, moyennement fertile et bien drainée.
Culture et utilisation : un rosier arbustif utile pour la confection d'une haie libre de taille moyenne ou en association avec d'autres arbustes en devanture d'une résidence ou en massif (distance de plantation : 1,25 à 1,50 m). À l'arrière-plan d'une plate-bande de vivaces, il donne un effet intéressant. Bien que ce cultivar se contente d'une bonne terre de jardin, sa croissance est nettement avantagée par un sol riche et fertile. Un emplacement pleinement ensoleillé est exigé pour maintenir sa floribondité. En période de stress hydrique, il peut être sujet au blanc ; des arrosages réguliers sont recommandés.

Rosa 'Winnipeg Parks'
Ce cultivar de la série **Parkland** a été homologué en 1990 pour commémorer le centenaire du Service récréatif et des parcs de la ville de Winnipeg. Ce rosier compact porte des fleurs doubles, de 8 cm de diamètre, comptant jusqu'à 22 pétales d'un rouge moyen. Les fleurs sont solitaires ou en groupes de 2 à 4 au sommet des tiges feuillées.
Rusticité : zone 2b.
Hauteur : de 40 à 70 cm.
Étalement : de 40 à 80 cm.
Époque de floraison : de la fin de juin à la fin de septembre.
Exposition : une situation ensoleillée.
Sol : une terre meuble, moyennement fertile et bien drainée.
Culture et utilisation : un arbuste compact parfait pour une devanture de plate-bande ou un massif. Ce cultivar arbore un superbe feuillage d'un vert foncé qui prend une jolie coloration automnale rougeâtre. Sa résistance au blanc et à la tache noire est bonne. Au printemps, on taille les tiges de moitié ou légèrement plus pour maintenir la vigueur des plants.

1348

10. Un jardin mobile

Les contenants, auges, bacs, balconnières, corbeilles, coupes, jardinières, jarres, paniers de broche suspendus, pots à oreille, pots de terre cuite, potées florentines, pots vernissés, vases, vasques, sans oublier les seaux en fer, vieilles casseroles de fonte, brouettes, troncs d'arbres évidés et autres, existent en une variété de formes, de dimensions et de couleurs. On les regroupe sous deux catégories quelque peu arbitraires : pots et jardinières. Ils conviennent autant à un balcon ou une terrasse (toute situation où il n'y a pas de sol) qu'à une plate-bande fleurie où ces récipients deviennent alors des centres d'intérêt.

Pour réussir une culture en contenants, il faut choisir ceux qui conviennent aux besoins culturaux des plantes que vous souhaitez faire croître. La taille du pot ou les dimensions de la jardinière sont fort importantes. Ils doivent être assez grands pour assurer une bonne croissance aux végétaux et ne pas donner prise au vent et assez petits pour mettre en valeur les plantes sans qu'elles paraissent perdues.

Les matériaux composant les contenants sont variés, il est généralement de bon ton de les sélectionner pour qu'ils s'intègrent à l'environnement immédiat. Cela est affaire de goût, de style... et de budget. Un grand nombre d'amateurs préfèrent les contenants en terre cuite, en bois et en ciment d'aspect « vieilli ». Il faut spécifier que certains pots et jardinières de plastique offrent maintenant une apparence assez similaire à la terre cuite et à la pierre à une fraction du prix.

DES POTS ET DES PLANTES

Les annuelles permettent la confection de potées fleuries particulièrement florifères. Ce sont des plantes de choix pour l'aménagement de balcons ou de terrasses. Un espace relativement restreint permet quand même la création d'un jardin de fleurs en trois dimensions en jouant avec des contenants placés sur plusieurs niveaux ou encore avec les volumes des plantes introduites. Dans un jardin, on peut, au besoin, déplacer les potées fleuries pour garnir temporairement un emplacement laissé libre par une floraison terminée ou à venir. Un contenant d'au moins 20 cm de diamètre et de profondeur favorise la croissance des espèces annuelles.

Les jardinières et les balconnières garnies de plantes retombantes donnent un effet de cascade particulièrement décoratif. Les pétunias des séries **Cascade**, **Anthofinias**, **Surfinias** et **Million Bells**, les verveines retombantes (*Verbena tapiens*), le bacopa (*Sutera diffusa*), le bidens (*Bidens ferulifolia*), les capucines (*Tropæolum majus* et *T. peregrinum*), la lobélie cascade (*Lobelia erinus*), le pélargonium à feuilles de lierre (*Pelargonium x peltatum*), l'hélichrysum argenté (*Helichrysum petiolare*), le lierre anglais (***Hedera helix***) sont parmi les plantes idéales pour fleurir le bord des fenêtres ou la balustrade des balcons.

Certaines vivaces conviennent aussi à la culture en contenants. Pour bien prospérer, il leur faut un milieu de culture généralement plus important que les annuelles. Un minimum de 30 cm de profondeur et autant en diamètre permet la croissance d'un grand nombre d'espèces ou de cultivars, notamment des graminées ornementales, des heuchères à feuillage décoratif (***Heuchera spp.***) et des fougères pour la délicatesse des frondes. L'automne venu, la majorité des plantes vivaces cultivées en pots et jardinières doivent être déplantées et placées dans un coin du jardin. Le contenant sera entreposé (son terreau de culture en grande partie retiré) à l'abri des intempéries.

Les plantes ligneuses, en particulier les conifères globulaires et érigés, sont d'excellents choix pour ce type de culture. Les dimensions des contenants sont directement liées à celles des mottes. D'une façon générale, il faut choisir des pots de 50 à 60 cm de diamètre et de profondeur. Les rosiers, qui fleurissent autant en pot qu'en pleine terre pour autant qu'on leur fournit des éléments minéraux régulièrement et un apport d'eau constant, nécessitent des contenants d'au moins 20 cm de diamètre pour les rosiers miniatures et de 40 à 50 cm pour les espèces arbustives et les hybrides modernes.

UN TERREAU FERTILE GAGE DE SUCCÈS

Le milieu de culture étant plutôt restreint, il importe de compenser par un terreau fertile, retenant une bonne humidité mais évacuant facilement le surplus d'eau. Pour notre plus grand bonheur, certaines entreprises offrent des terreaux préparés qui conviennent parfaitement aux bacs et aux jardinières. Ils sont faits d'un mélange de

Des exemples à reproduire

Une terrasse « s'habille » et se colore avec un grand nombre de potées fleuries. Celles-ci peuvent être déplacées au gré de notre humeur ou selon l'effet des floraisons. Le jeu des formes et des couleurs varie alors à l'infini.

terre organique, de mousse de tourbe et de perlite. Pour assurer une fertilité à long terme, l'amateur peut ajouter à ce mélange une ou deux poignées d'un engrais organique complet ou une centaine de grammes d'un engrais chimique granulaire. Tous les contenants bénéficieront d'un apport régulier d'un engrais chimique soluble, de type 15-30-15 ou 20-20-20 à toutes les deux semaines.

Une association entre un *Datura* à fleurs doubles jaune pâle cultivé dans un pot chinois à laque bleu foncé et, sur une marche plus basse, des pavots de Californie (*Eschscholzia californica*) à fleurs doubles. Ces derniers peuvent être semés dans le contenant ; cette annuelle tolère bien une courte période de sécheresse.

Un pot vernissé chinois accueille un plant d'origan doré (*Origanum vulgare* 'Aureum') et de pétunia **Million Bells** reconnu pour sa floraison abondante et continue. Le contraste du feuillage jaune vif et du rouge des fleurs attire immédiatement le regard.

Un magnifique panier en ciment, imitant l'osier, constitue un milieu de culture parfait pour quelques spécimens de géraniums des jardins (*Pelargonium x hortorum*) et des pétunias **Supercascade** (*Petunia x hybrida*) à fleurs blanc rosé au cœur foncé.

Ce rebord de fenêtre est enjolivé par une jardinière en ciment accueillant des géraniums des jardins (*Pelargonium x hortorum*) à fleurs rose intense, de la scaévola (*Scævola æmula*) et des pétunias **Supercascade** aux coloris rose foncé et violet pâle. Toutes ces teintes se marient aux persiennes d'un bleu foncé.

Les bégonias tubéreux (*Begonia x tuberhybrida*) et les bégonias retombants (*Begonia x pendula*) font de magnifiques corbeilles ou paniers suspendus en situation mi-ombragée.

La simplicité donne souvent des résultats intéressants : un magnifique spécimen de ***Pennisetum setaceum*** 'Purpureum', au feuillage rouge bordeaux devient l'élément vedette de cet aménagement. Ce plant est mis en valeur par un vase en ciment de couleur neutre.

Ce pot en terre cuite arrondi est un milieu de culture favorisant la croissance de quelques plants de pélargoniums des jardins (*Pelargonium x hortorum*).

Une variante moins sérieuse d'un jardin aquatique réalisée avec une vieille cuvette en acier inoxydable et une petite grenouille fontaine. Un clin d'œil amusant suscitant le sourire des petits et des grands.

Une manière élégante de mettre un pot fleuri en valeur en le surélevant au moyen d'une colonne de terre cuite. Cette décoration soutient un pot de terre cuite accueillant des scaévolas (*Scævola æmula*).

Ci-contre

Ce petit jardin d'eau est fait à partir d'un pot vernissé dont le trou de drainage est simplement bouché pour conserver le milieu « aquatique ». Un cypérus à feuilles alternes (*Cyperus alternifolius*) accompagne un lis d'eau (*Nymphæa x hybrida*).

Bibliographie

ACKERSON, C. et H.E. BARKE, *et all.*, *Guide illustré du jardinage au Canada*, Montréal, Sélection du Reader's Digest, 1981, 512 p.

AGRICULTURE CANADA, *Rosiers rustiques, séries Explorateurs et Parkland*, Ottawa, ministère des Travaux publics et Services gouvernementaux Canada, 1996, 40 p.

BRICKELL, C., COLE, T. et J.D. ZUK (éditeurs en chef), *A-Z, Encyclopedia of Garden Plants*, Montréal, Reader's Digest Association, 1997, 1092 p.

CORDIER, J.P., *Guide des plantes vivaces*, Lyon, Horticolor, 1995, 247 p.

DUMONT, B., *Guide des végétaux d'ornement, tome III : les arbustes*. La Prairie (Québec), Éditions Broquet, 1992, 522 p.

DUMONT, B et G. DESCHÊNES, *Tous les soins pour de belles plantes annuelles*, Montréal, Spécialités Terre à Terre, 1996, 65 p.

FORTIN, D., *Plantes vivaces pour le Québec*, tome I, Saint-Laurent (Québec), Éditions du Trécarré, 1993, 214 p.

FORTIN, D., *Plantes vivaces pour le Québec*, tome II, Saint-Laurent (Québec), Éditions du Trécarré, 1994, 223 p.

FORTIN, D., *Plantes vivaces pour le Québec*, tome III, Saint-Laurent (Québec), Éditions du Trécarré, 1995, 264 p.

FORTIN, D., *Plantes vivaces pour le Québec*, tome IV, Saint-Laurent (Québec), Éditions du Trécarré, 1998, 252 p.

FORTIN, D., *Roses et rosiers pour le Québec et l'est du Canada*, Saint-Laurent, Éditions du Trécarré, 1991, 256 p.

HAY, R. *et al.*, *Encyclopédie des fleurs et plantes de jardin*, Paris, Sélection du Reader's Digest, 1978, 799 p.

HILLIER, M., *Fleurissez vos balcons et terrasses*, Paris, La Maison Rustique, 1991, 192 p.

LOEWER, P., *The Annual Garden*, Emmaus (Pennsylvanie), Rodale Press, 1988, 242 p.

MARSTON, T., (Editor), *Annuals*, New York, Hearst Books, 1993, 192 p.

MOULIANE, P. (sous la direction), *Le Truffaut, Encyclopédie pratique illustrée du jardin*, Paris, Bordas, 1996, 768 p.

MOULIANE, P. (sous la direction), *Balcons, fenêtres et terrasses, Encyclopédie Truffaut*, Paris, Bordas, 1998, 512 p.

SHERK, L.C. et A.R. BUCKLEY, *Arbustes ornementaux pour le Canada*, Ottawa, ministère de l'Agriculture du Canada, 1972, 189 p.

Index

(le caractère gras indique la page de la photo)